ISBN-13: 978-1512140682

ISBN-10: 1512140686

MANUAL DE DIBUJO TÉCNICO
Y GEOMETRÍA PLANA

Miguel D'Addario

Segunda edición
Comunidad Europea
2015

ÍNDICE DEL MANUAL

- ## GEOMETRÍA PLANA

DIBUJO TÉCNICO

INTRODUCCIÓN

El dibujo técnico es una tarea de designación de forma inequívoca de cualquier pieza, conjunto o instalación que se pueda realizar; a diferencia del dibujo artístico, se han de usar técnicas normalizadas. Cualquiera que sepa interpretar un dibujo técnico será capaz de realizar la pieza representada sin lugar a posibles interpretaciones, es decir un dibujo técnico bien realizado sólo puede representar una posibilidad y definir correctamente los aspectos fundamentales de la pieza a fabricar, dimensiones, materiales, acabados superficiales, mecanizados, colores, resistencia, tratamientos térmicos, etc. En esta unidad didáctica aprenderemos a realizar planos de piezas, vistas y daremos un repaso a los planos de construcción, muy importantes en la tarea de realización de instalaciones sobre la edificación.

Objetivos

• Conocer los útiles de dibujo y gastarlos correctamente.

• Conocer y estudiar los sistemas de representación gráfica empleando vistas (alzado, planta y perfil).

• Saber interpretar la perspectiva de las piezas, y la realización de las vistas.

• Interpretar y realizar planos con secciones, cortes y roturas.

• Localizar y conocer la procedencia de los símbolos más empleados en los acabados superficiales, simbología frigorífica, fontanería, climatización, eléctrica, neumática e hidráulica.

• Conocer las técnicas de croquización y realizar croquis a mano alzada.

• Interpretar y aplicar las normas empleadas en la acotación de croquis y planos.

• Conocer y utilizar correctamente los elementos que usados en la acotación (líneas auxiliares y de cota, símbolos, cifras, etc.).

1. SOPORTES FÍSICOS PARA EL DIBUJO Y FORMATOS

Una lámina de papel u otra sustancia empleada para el dibujo como poliéster, vegetal que tiene tamaño, dimensiones y márgenes normalizados es un Formato.

Las normas UNE 1011 y DIN 823 normalizan las dimensiones de los Formatos. Según las dimensiones del dibujo a representar debemos elegir los formatos necesarios.

Utilizar formatos de dibujo normalizado tiene las siguientes ventajas:

• En el archivado encontramos la unificación del tamaño de los formatos.

• Facilitar su manejo.

• Adaptar los dibujos a los distintos formatos.

• Al reducir un formato, éste se hace de forma uniforme y el resultante aclara totalmente la definición del elemento representado.

• Se gestionan los planos con eficiencia y su plegado no resulta nada problemático.

Las Reglas de Referencia y Semejanza

Referencia

La referencia se realiza con letras y números; la letra indica la norma y el número, el tamaño.

Semejanza

Todos los formatos son semejantes entre sí. La relación de ambos lados es igual que la del lado del cuadrado a su diagonal.

La relación de los dos lados es, por tanto, X:Y=1: sqrt(2).

Tipos de Formatos

Los formatos se obtienen siempre doblando en dos el anterior.

Serie principal UNE 1011 y DIN 476

Los formatos de esta serie se denominan por la letra A y van seguidos por un número correlativo.

Algunos de los más utilizados son:

Formato UNE 1011 Serie A	Láminas Cortadas	Lámina en Bruto	Ancho de rollo utilizable
A0	841 x 1189	880 x 1230	900
A1	594 x 841	625 x 880	900 / 660
A2	420 x 594	450 x 625	900 / 660
A3	297 x 420	330 x 450	660 / 900
A4	210 x 297	240 x 330	660

Generalmente se toma como norma la posición vertical en la norma A4. En los cajetines la medida en lo ancho de 185mm sería la norma.

Serie Auxiliar

Las series auxiliares B y C se utilizan para los tamaños de carpetas, sobres, etc.

Los formatos de la serie B están relacionados con los de la serie A de la siguiente manera: sus lados son los medios geométricos de cada dos consecutivos de la serie A.

Y los medios geométricos de las series A y B corresponden a la serie C. Algunos de los más utilizados son:

Formato	Medidas (mm.)	Formato	Medidas (mm.)
B0	1000 x 1414	C0	917 x 1297
B1	707 x 1000	C1	648 x 917
B2	500 x 707	C2	458 x 648
B3	353 x 500	C3	324 x 458
B4	250 x 353	C4	229 x 324

Plegado de planos

Cuando tenemos planos mayores al A4 éstos se adaptan a este tamaño realizando el plegado.

Las normas para poderlo realizar serían las siguientes:

Tiene un ancho máximo de 210 y un alto máximo de 297.

El cajetín debe verse perfectamente y, por tanto, debe quedar en la parte anterior.

El primer doblado se hace hacia la izquierda y el segundo hacía atrás.

El resto se hace uno hacia la derecha y otro hacia la izquierda de modo alternativo, empezando desde el cajetín.

2. ROTULACIÓN NORMALIZADA

Las letras, signos, números, etc., son empleados en los dibujos para designar cotas, nombres de dibujos, establecer referencias y demás aplicaciones; deben seguir unas normas básicas, de forma que cualquiera que observe el plano sea capaz de interpretar sus contenidos sin tener que hacer un esfuerzo adicional de interpretación. La norma que establece las proporciones y construcción de los elementos a usar en la rotulación de planos es la Norma UNE 1.034.

En las normas nos definirán los tipos de escritura normalizada, la altura nominal de las letras, el espesor de los trazos, la anchura de las letras, la distancia entre líneas, la distancia entre letras, etc. Actualmente, casi todos los dibujos están realizados con programas de ordenador que incorporan muchos tipos de fuentes (Tipos de letra) que suelen estar normalizados, solucionando automáticamente el problema de la rotulación.

Escritura Inclinada

Es un efecto estético que se le da a los números o letras; los trazos verticales tienen una inclinación de 75°.

Fig.1.

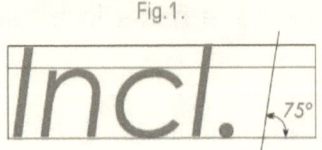

Escritura Vertical

En este caso la inclinación de las letras respecto de la horizontal es de 90°.

Fig. 2.

La proporción de alturas

Se denomina altura nominal del texto a la altura de las letras mayúsculas, las minúsculas altas y los números.

Cada altura de letra tiene una aplicación y generalmente se aplica:

12. Entre 2 y 4 mm para acotaciones y notaciones.
13. Entre 5 y 10 mm para rótulos y denominaciones.
14. Entre 12 y 25 mm para grandes rótulos.

La altura nominal es la de las mayúsculas y la de las minúsculas es de 5/7 la nominal.

3. ESCALAS DE USO EN EL DIBUJO INDUSTRIAL Y DE INSTALACIONES

Está claro que el poder dibujar los objetos a su tamaño real es casi siempre imposible, bien por ser excesivamente grande, con lo cual no se podría representar en el papel, o bien por ser muy pequeño y no poderse ver de un modo claro. Todo esto queda resuelto con el uso de la ESCALA. De este modo, los objetos quedan claramente representados en el dibujo, bien ampliándolos o bien reduciéndose. Se define ESCALA como la relación entre la dimensión dibujada respecto de la dimensión real.

$$E = dibujo/realidad$$

Así encontramos:

- Escala de ampliación, cuando el numerador de la fracción es mayor que el denominador.
- Escala de reducción, el caso contrario, cuando el numerador es menor que el denominador.
- Escala natural, cuando un objeto se encuentra dibujado a su tamaño real, sería la escala 1:1.

Escala gráfica

Se utiliza un método sencillo para aplicar una escala, éste está basado en el Teorema de Thales.

Ejemplo para el caso 3:5

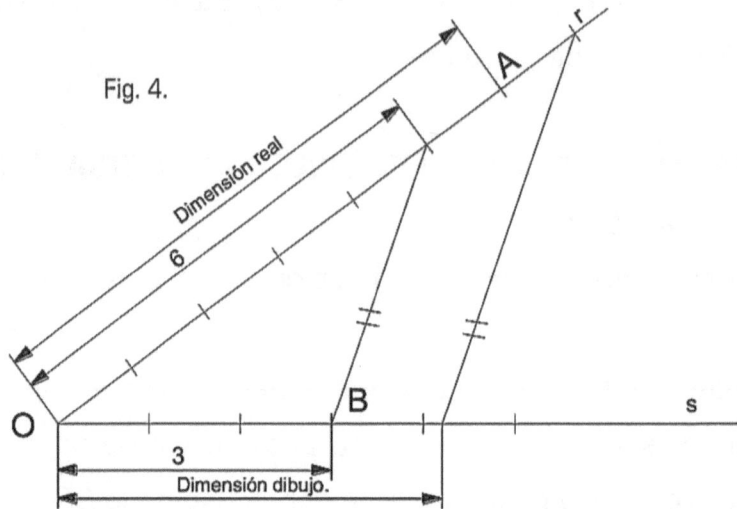

Fig. 4.

Con origen en un punto O cualquiera, se dibujan dos rectas r y s formando un ángulo cualquiera.

Se representa el denominador de la escala en la recta r y el numerador sobre la recta s. Obtenemos dos segmentos, cuyos extremos llamamos A y B.

Una dimensión real situada sobre la recta r se convierte en el dibujo con una simple paralela al segmento AB.

Escalas normalizadas

En teoría, se puede utilizar cualquier escala, pero es mucho más práctico utilizar escalas normalizadas que nos permiten el uso de reglas o escalímetros de un modo fácil.

Estos valores son:

Ampliación: 2:1, 5:1, 10:1, 20:1, 50:1

Reducción: 1:2, 1:5, 1:10, 1:50

En construcción se emplean ciertas medidas intermedias, tales como:

1:25, 1:30, 1:40, etc.

Uso del escalímetro

Un escalímetro es una regla que habitualmente mide 30 cm y cuya sección tiene forma de estrella de 6 facetas o caras. Cada cara va graduada con escalas diferentes, que con bastante frecuencia suelen ser:

1:100, 1:200, 1:250, 1:300, 1:400, 1:500

Por supuesto estas escalas también nos valdrán para valores que resulten de multiplicar o dividir por 10. Por ejemplo, la escala 1:200 también nos vale para planos a escala 1:20 y 1:2000.

Para un plano escala 1:300, se aplica la escala correspondiente del escalímetro y las indicaciones numéricas que en éste se leen son los metros reales que se están representando.

Y en el caso de un plano a E 1:2000 se aplica la escala 1:200 y se tendrá que multiplicar por 10 la lectura del escalímetro.

Si una dimensión dibujada posee 17 unidades del escalímetro, en la realidad estamos midiendo 170 m.

Según todo esto, podemos deducir que la escala 1:100 es también la 1:1, que la empleamos normalmente como regla en cm.

4. REPRESENTACIÓN Y ACOTADO. VISTAS, CORTES Y SECCIONES

Llamamos vistas principales de un objeto a las proyecciones ortogonales del mismo sobre 6 planos, dispuestos en forma de cubo. La norma UNE 1–032–82, "Dibujos técnicos: Principios generales de representación", equivalente a la norma ISO 128–82 recoge las reglas a seguir para la representación de las vistas. Un observador se puede situar respecto al objeto según indican las seis flechas y de este modo obtendría las seis vistas posibles de un objeto.

Estas vistas se llaman:

A: Vista de frente o alzado

B: Vista superior o planta

C: Vista derecha o lateral derecha

D: Vista izquierda o lateral izquierda

E: Vista inferior

F: Vista posterior

Fig. 5.

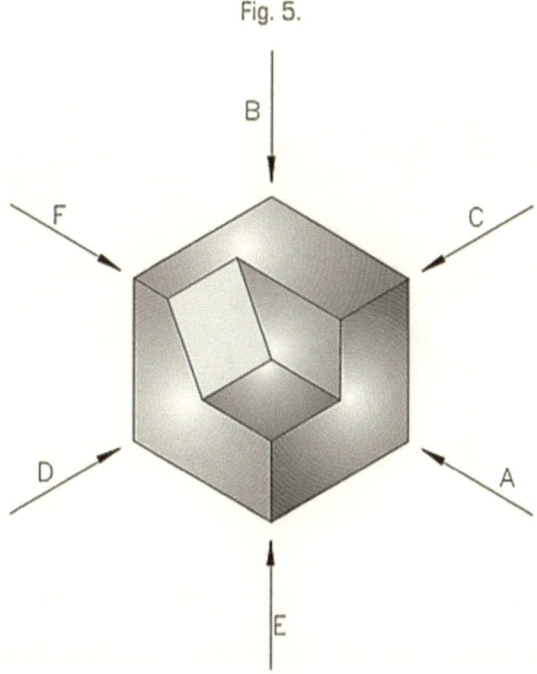

Posiciones relativas de las vistas

Existen dos variantes de proyección ortogonal para poder representar las vistas sobre el papel:

El método de proyección del primer diedro, o europeo.

El método de proyección del segundo diedro, o americano.

En los dos métodos se supone al objeto dentro de un cubo y en sus caras se realizan las proyecciones ortogonales del mismo. La diferencia está en dónde está situado el observador: En el caso americano está entre el objeto y el plano, mientras que en el americano el plano es el que se encuentra entre el objeto y el observador.

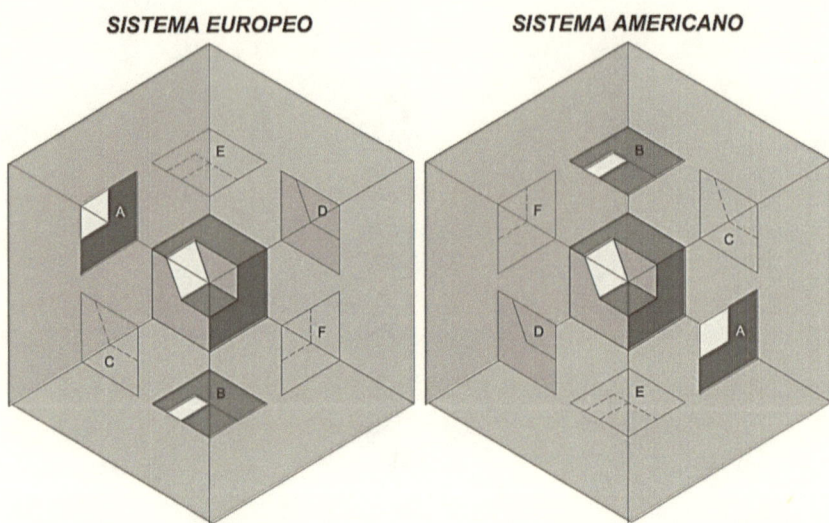

Fig. 6.

Fig. 7.

SISTEMA EUROPEO

SISTEMA AMERICANO

Cuando ya tenemos las seis proyecciones, pasamos a obtener el desarrollo del cubo, manteniendo fija la cara del alzado (D). Este desarrollo del cubo nos da en un plano único las seis vistas del objeto.

Fig. 8. Sistema europeo.

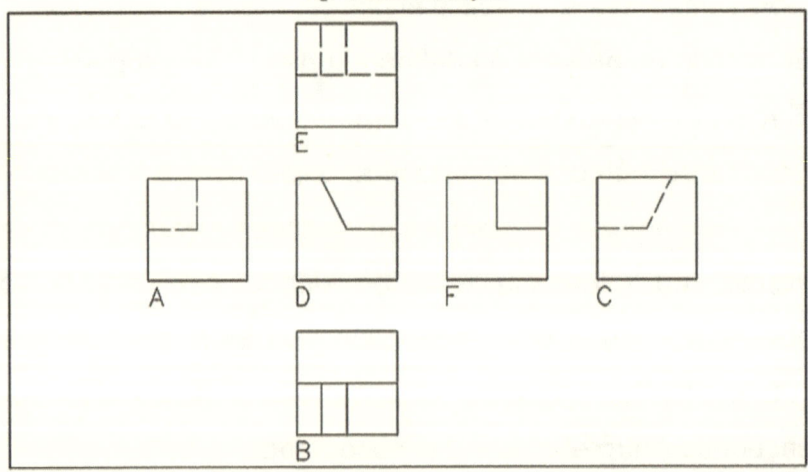

Fig. 9. **Sistema americano**.

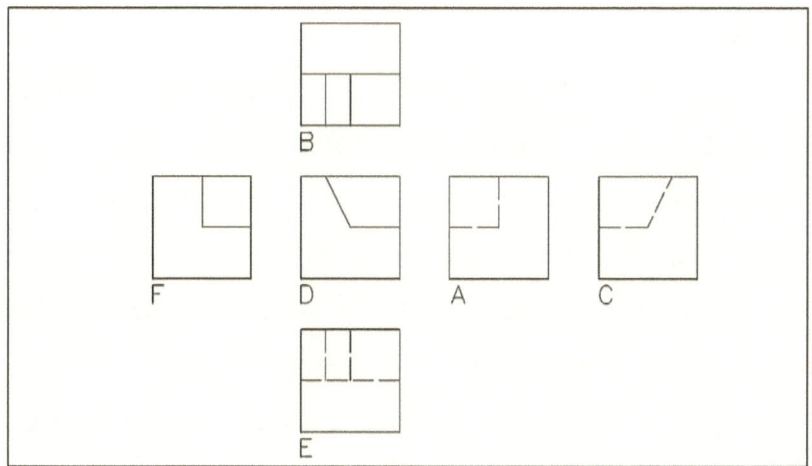

Claro está que existe una correspondencia entre las vistas, estando relacionadas de la siguiente forma:

La vista alzado, lateral izquierda y lateral derecha y la posterior, coinciden en alturas.

La planta, la vista inferior y lateral izquierda y lateral derecha en profundidad.

Y por último el alzado, planta, vista posterior e inferior en anchuras.

Con tan sólo el alzado, planta y un perfil, de forma habitual, queda definida una pieza. Además, según las correspondencias anteriores a partir de dos vistas, se pude obtener una tercera.

Por último, hay que tener en cuenta que cada una de las vistas debe ocupar en el dibujo su lugar correspondiente, ya que de cualquier otro modo, aunque éstas estén perfectamente dibujadas no definen la pieza.

Elección de las vistas de un objeto, y vistas especiales

Elección del alzado

El alzado, según la norma UNE 1–032–82, debe representar la vista más representativa del objeto. Esta vista representará el objeto en su posición de trabajo y si se puede utilizar en cualquier posición, entonces se representará en la posición de montaje. Si aun así no hemos determinado qué vista va a ser el alzado, tendremos en cuenta que:

1. Se pueda aprovechar del mejor modo la superficie del dibujo.

2. Tenga el menor número de aristas ocultas.

3. Nos facilite la representación del resto de las vistas.

En la figura 10, por ejemplo, el alzado debería ser el señalado, ya que de este modo podemos distinguir la inclinación de la cola de milano, el agujero central y la ranura superior.

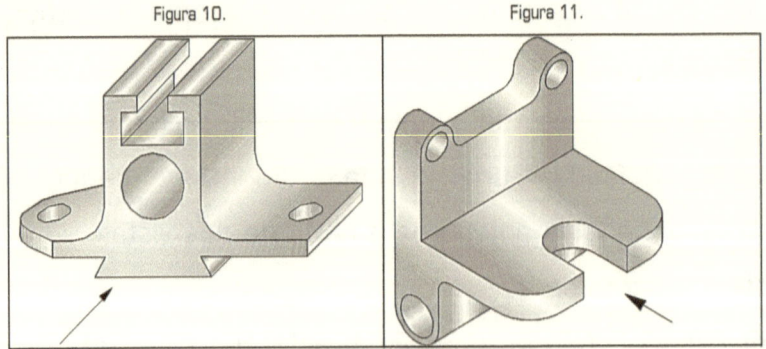

Figura 10. Figura 11.

En la figura 11, eligiendo el alzado señalado, habremos elegido la vista más representativa de la pieza; en cualquier caso, necesitaremos tres vistas, alzado, planta y perfil.

Elección de las vistas necesarias

La cantidad de vistas utilizadas debe ser suficiente, mínima y adecuada para que la pieza quede total y correctamente definida; las vistas elegidas deben de ser lo más simples y claras posibles, evitando aquellas que tengan aristas ocultas. Normalmente, de no ser que sean piezas complicadas, utilizaremos tres vistas: alzado, planta y perfil, en éste último, si es indiferente la vista lateral izquierda o derecha, se optará por la primera.

En piezas más sencillas se optará por una o dos vistas.

En piezas sencillas, donde nos baste el alzado y la planta o el alzado y el perfil, se elegirá la opción más sencilla y que nos ayude más a su interpretación.

Otras piezas pueden ser representadas con una sola vista En estos casos es habitual hacer indicaciones que completan la interpretación de la vista:

1. Cuando se representan piezas de revolución se incluye el símbolo del diámetro.

2. En piezas prismáticas, el símbolo del cuadrado o cruz de San Andrés.

3. En piezas de espesor uniforme, haríamos una especificación.

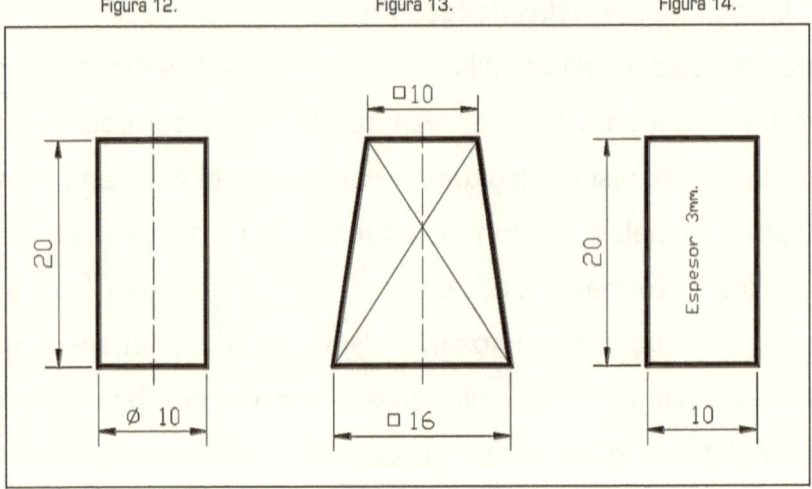

Figura 12. Figura 13. Figura 14.

Vistas Especiales

En objetos de características especiales se puede realizar una serie de representaciones especiales de las vistas de un objeto que nos aclaran su interpretación de un modo más directo; enumeramos los diferentes tipos a continuación.

Vistas de piezas simétricas

En piezas con uno o más ejes de simetría, se puede dibujar una fracción de su vista. La traza del plano de simetría que limita el contorno de la vista se marca en cada uno de sus extremos con dos pequeños trazos finos paralelos, perpendiculares al eje (Fig. 15). Otra opción es alargar un poco las aristas más allá del plano de la simetría; entonces no harían falta los trazos perpendiculares al eje de simetría (Fig. 16).

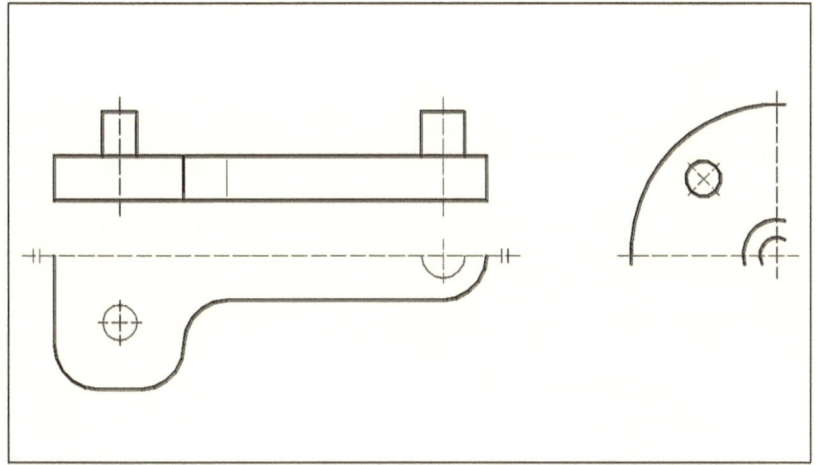

Vistas de detalles

Las vistas de detalle se utilizan para dibujar un detalle que no queda bien definido o para ampliar las dimensiones de un detalle de la pieza que no queda suficientemente claro.

En el primer caso, la vista del detalle se crea indicando la visual que la creó, con una flecha y una letra mayúscula. En la vista del detalle se indica esta letra y se limita con una línea fina realizada a mano alzada (Figura 17).

En el segundo caso, la zona ampliada se indica con un círculo con línea fina y una letra mayúscula, en la vista del detalle, que será una vista ampliada, se situará esta letra y la escala utilizada (Figura 18).

Figura 17.　　　　　　　　　　Figura 18.

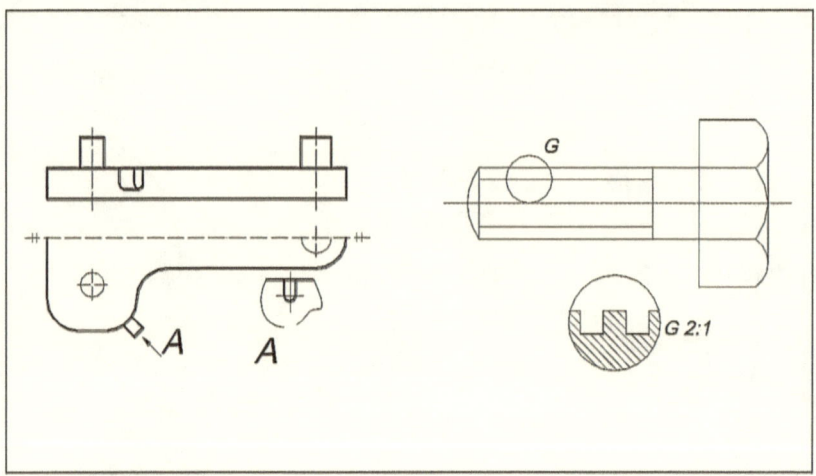

Vistas giradas

Se utilizan normalmente en piezas que tienen brazos que forman ángulos diferentes de 90°respecto a las direcciones principales de los ejes. Se dibujan dos vistas: una en posición real y la otra eliminando el ángulo de inclinación del detalle.

Figura 19.

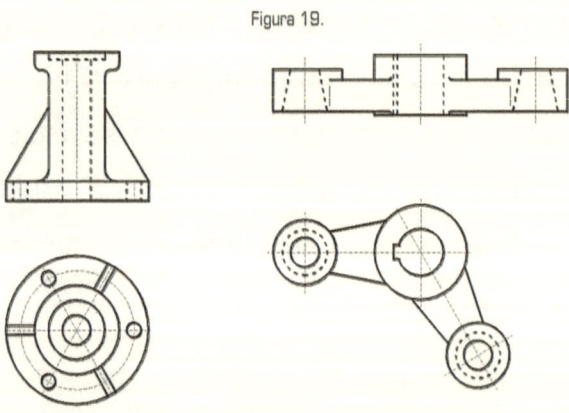

32

Figura 20.

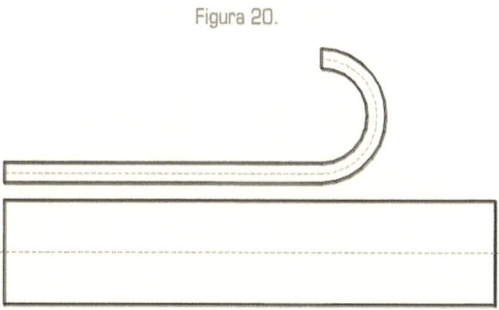

Vistas desarrolladas

En piezas con un doblado o curvado, realizaremos una vista de cómo era el objeto y qué dimensiones tenía antes de realizar el proceso que la modificó. Esta representación se realiza con línea fina de trazo y doble punto.

Vistas auxiliares oblicuas

En ocasiones, puede haber elementos oblicuos respecto a los planos de proyección. Éstos pueden aparecer deformados, y para poder evitar esto, su proyección se realizará en planos auxiliares oblicuos. Esta proyección sólo afectará a la zona oblicua; este elemento quedará definido con una vista normal completa y otra parcial. Si el elemento es oblicuo respecto cualquier plano de proyección, habrá que realizar dos cambios de planos.

Utilizando dos vistas auxiliares

Si esto ocurre en secciones interiores, entonces deberíamos realizar un corte auxiliar oblicuo, que se proyectará paralelo al plano de corte y abatido. En el corte no se representan las vistas exteriores y sólo se dibuja el contorno y las aristas que aparecen como consecuencia de éste.

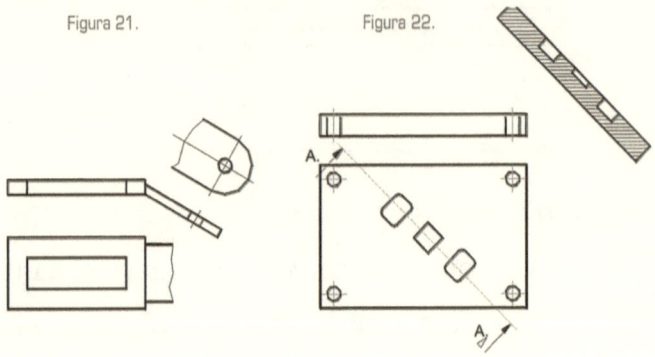

Figura 21.   Figura 22.

Intersecciones ficticias

En el caso de chaflanes, redondeos y piezas obtenidas por doblado o intersecciones de cilindros, las líneas de intersección se representan con una línea fina que no toque los límites de las piezas.

Figura 23.

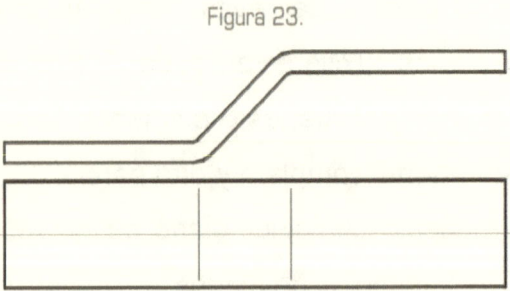

Cortes, secciones y roturas

En piezas muy complejas, donde pueden quedar una gran cantidad de aristas ocultas y con la incapacidad de poder acotar sobre éstas de modo adecuado, la solución nos viene dada al realizar cortes y secciones. A veces lo que realizamos son roturas en piezas tan largas que nos resulta difícil representar sobre el plano. Las reglas para realizar todo esto se hallan en la norma UNE 1–032–82, "Dibujos técnicos: Principios generales de representación", equivalente a la norma ISO 128–82. Realizamos un corte cuando al representar una pieza eliminamos parte de ésta. Para ello, a partir de uno o varios planos de corte eliminamos la parte de la pieza más cercana al observador. Las aristas interiores afectadas por el corte se dibujan con el mismo espesor que las aristas vistas, y la superficie interior cortada se representa con un rayado. La sección es la intersección del plano de corte con la pieza, no se representa el resto de la pieza que queda detrás de la misma.

Línea de rotura en los materiales
Cuando estamos dibujando objetos que son largos y uniformes y hay partes que no son significativas para su identificación, podemos utilizar líneas de rotura, que nos permiten ahorrar espacio de representación. Las roturas están normalizadas y son las siguientes:
Hay dos tipos: una línea fina a mano alzada y un poco curvada (Fig. 24) y otra indicada en la figura 25 utilizada en ordenador.

Si las piezas tienen forma de cuña o pirámide, se utiliza la línea anterior manteniendo la inclinación de las aristas fig. 26 y fig. 27.

Si la pieza es de madera, la línea de rotura será en zigzag (Fig. 28).

Si es cilíndrica maciza, con una lazada (Fig. 29).

Sí es cónica, como la anterior, pero cada lazo de distinto tamaño (Fig.30).

Sí es cilíndrica, pero hueca, con una doble lazada indicando el diámetro interior y exterior (Fig. 31).

Si tiene una configuración uniforme, la línea de rotura será una línea de trazo y punto final (Fig. 32).

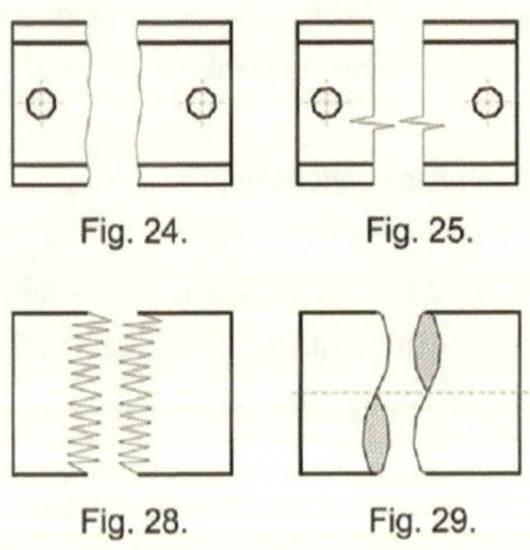

Fig. 24.   Fig. 25.

Fig. 28.   Fig. 29.

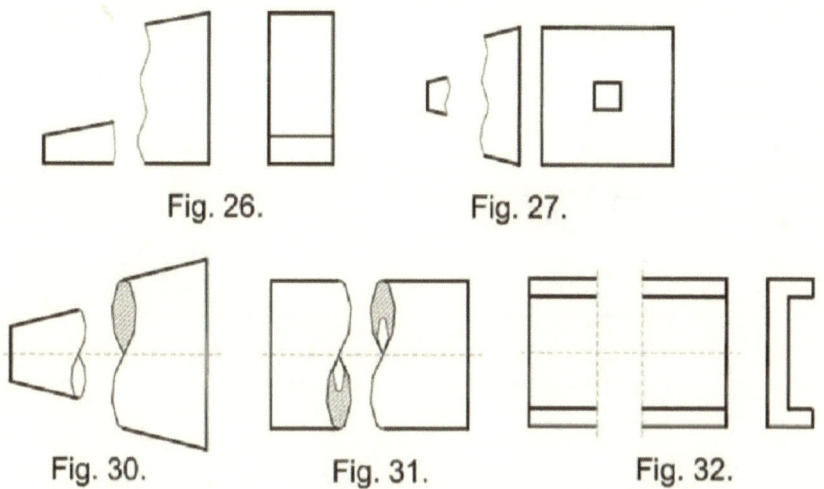

Fig. 26.   Fig. 27.

Fig. 30.   Fig. 31.   Fig. 32.

Representación de la marcha de un corte

Cuando el corte es evidente no indicamos nada, salvo una línea de trazo y punto fino, que se representará con trazos gruesos en sus extremos y cambios de dirección. En los extremos del corte se indican dos flechas según el sentido de observación, así como una letra mayúscula en cada extremo, que puede estar repetida o ser consecutiva. En la vista afectada del corte se indica las letras que definen el corte.

Un corte se puede realizar con diferentes tipos:

Fig. 33, un solo plano.

Fig. 34, planos paralelos.

Fig. 35, planos sucesivos.

Fig. 36, planos concurrentes, uno de ellos se gira antes del abatimiento.

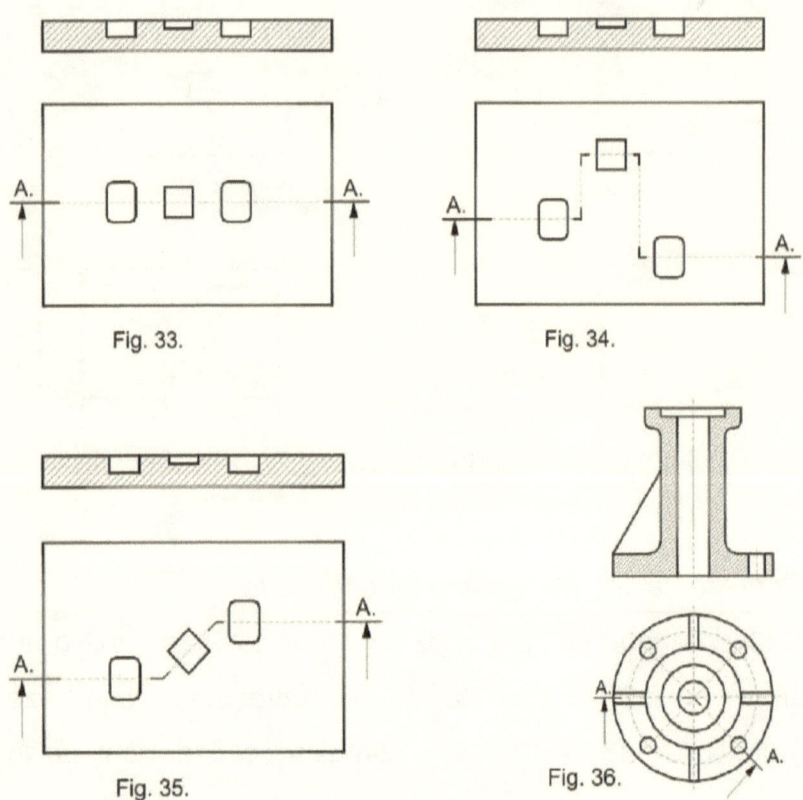

Fig. 33.

Fig. 34.

Fig. 35.

Fig. 36.

5. ACOTACIÓN NORMALIZADA DE LAS PIEZAS

La acotación es el proceso de anotar con líneas, cifras, signos y símbolos las medidas de un objeto siguiendo una serie de normas. Para acotar convenientemente, aparte de conocer estas normas, debemos saber también todo aquello referente a la pieza, cómo ha sido creada, etc., así como la utilización de cada uno de los dibujos en los cuales la representamos, o sea, para realizar su fabricación, para comprobar su buena realización una vez fabricada, etc.

Aquí daremos una serie de normas para una buena acotación, pero es la práctica la que nos dará la experiencia para poder lograrla. Las indicaciones de cota de una pieza deben ser mínimas, suficientes y adecuadas para poder fabricarla.

Los principios generales de la acotación son:

Una cota se indica una vez, de no ser indispensable repetirla.

No debe omitirse ninguna.

Las dimensiones de aquellas formas que resulten del proceso de fabricación no se acotarán.

Las cotas se colocan en las vistas que representan más los elementos.

No se acotarán, generalmente, aristas ocultas.

Las cotas se distribuyen teniendo en cuenta el orden y la estética, para que queden lo más claras posibles

Todas las cotas se utilizan en las mismas unidades; de no ser así, debe indicarse.

Las cotas se sitúan, por norma general, en el exterior de la pieza.

Las cotas relacionadas, como el diámetro y profundidad de un agujero, se indican sobre la misma vista.

Debe evitarse el obtener cotas de operar con otras.

Aparte de la cifra de cota utilizamos otros elementos, como líneas y símbolos. Todas las líneas utilizadas en la acotación se realizarán con el espesor más fino.

Los elementos básicos de una acotación son:

- Líneas de cota: Son líneas paralelas a la superficie de la pieza.

- Cifras de cota: El número que representa la magnitud. Está situado en el centro de la línea de cota, sobre la misma o interrumpiendo dicha línea.

- Símbolo de final de cota: Es un símbolo que determina el final de la línea de cota. Este símbolo puede ser una punta de flecha, un pequeño círculo o un trazo oblicuo de 45°.

- Líneas auxiliares de cota: líneas perpendiculares a la superficie a acotar, sitúan los límites de la línea de cota, a la cual sobresalen unos 2 mm.

- Líneas de referencia de cota: Se utilizan para una nota explicativa o un valor dimensional. Una línea une el texto con la pieza. Éstas terminan con una flecha si acaban en un contorno de la pieza, en un punto si acaban en el interior de la pieza y ni lo uno ni lo otro cuando acaban en otra línea. Tiene una parte de la línea donde se escribe el texto y será paralela al elemento a acotar.

- Símbolos: la cifra de la cota puede venir acompañada de un símbolo que identifica características de la pieza, pudiendo así evitar la representación de un mayor número de vistas. Los más normales son:

□	Símbolo de cuadrado
Ø	Símbolo de diámetro
R	Símbolo de radio
SR	Símbolo de radio de una esfera
SØ	Símbolo de diámetro de una esfera

Clasificación de las cotas

Las cotas se pueden clasificar según su importancia y su cometido en el plano.

Según su importancia pueden ser funcionales, no funcionales y auxiliares.

Funcionales:

Las esenciales para que la pieza pueda cumplir su misión.

No funcionales:

Para poder realizar la total definición de la pieza.

Auxiliares:

Pueden deducirse de otras y no son necesarias para la fabricación o comprobación de la pieza, dan medidas totales.

Según su cometido, en el plano son de dimensión (d) y de situación(s).

Dimensión: Indican tamaño de elementos.

Situación: Indican la posición de elementos.

6. SIMBOLOGÍA Y ESPECIFICACIONES TÉCNICAS

Indicación de las tolerancias dimensionales y geométricas

Una pieza no puede ser creada de manera exacta debido a las imprecisiones en las máquinas de fabricación, pero en realidad no ocurre nada porque para que sea útil ésta pieza nos basta con que cada medida esté comprendida entre dos límites. Esto es lo que llamamos tolerancia.

Las tolerancias pueden hacer referencia a las dimensiones de una pieza, o bien a su forma.

Conceptos fundamentales

- Eje

Cualquier pieza en forma de cilindro que debe ser acoplada dentro de otra.

- Agujero

El alojamiento del Eje.

- Tolerancia

Es el margen de error en la fabricación de una pieza.

- Medida nominal

Aquella que acotamos en el plano; a ella le añadimos las diferencias de tolerancias, bien de forma numérica o de forma simbólica.

- Línea de referencia

Coincide con la medida nominal; sería la línea 0, hacia arriba de ésta, la zona positiva y hacia abajo, la negativa.

- Medida Máxima

La mayor de las medidas admisibles en la fabricación.

- Medida Mínima

La menor de las medidas admisibles. Tolerancia es la diferencia entre la medida máxima y la mínima.

- Diferencia Superior

Diferencia entre la medida máxima y la nominal.

- Diferencia inferior

Diferencia entre la medida mínima y la nominal.

Claro está, estas diferencias pueden ser tanto positivas como negativas.

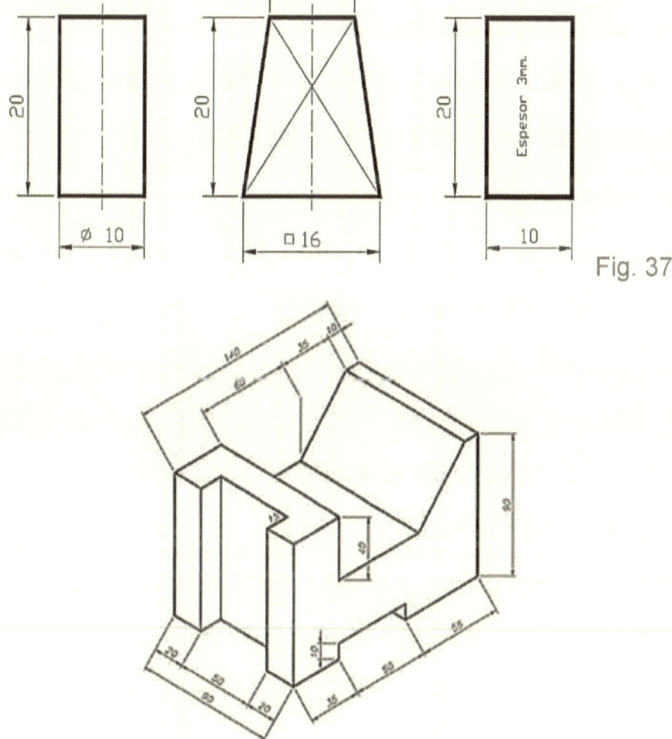

Fig. 37

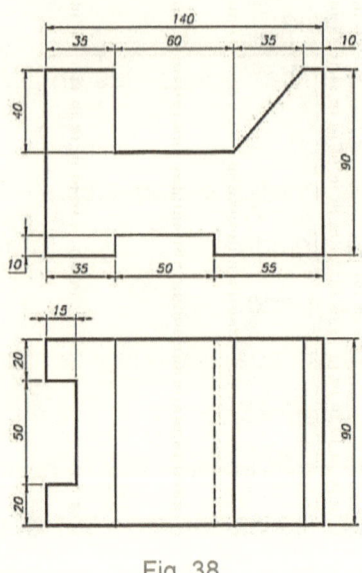

Fig. 38.

Ajustes en los acoplamientos

El ajuste seria la unión del eje y del agujero. Esta unión puede determinar un juego o un apriete.

- Juego

Es la diferencia entre la medida del agujero y la del eje, siendo el eje menor que el agujero.

- Apriete

Es la diferencia entre la medida del eje y la del agujero, siendo el eje mayor que el agujero.

- Juego Máximo

Diferencia entre la medida máxima del agujero y la mínima del eje.

- Juego Mínimo

Diferencia entre la medida mínima del agujero y la máxima del eje.

- Apriete máximo

La diferencia entre la medida máxima del eje y la mínima del agujero.

- Apriete mínimo

La diferencia entre la medida máxima del agujero y la mínima del eje.

Debido a la diferencia de medidas entre el eje y el agujero se nos presentan tres tipos de ajuste:

En el ajuste móvil se nos presenta un juego.

En el ajuste fijo, un apriete.

En el ajuste intermedio puede haber o bien un juego o bien un apriete, según las medidas que tengan las dos piezas al final.

Designación y representación normalizada de los materiales y elementos en los planos

La normalización consiste en un conjunto de reglas e instrucciones aceptadas por todos que definen cómo se deben realizar las acciones; es como un acuerdo general del que todos podemos hacer uso y utilizar como base de nuestros trabajos. Si a cada persona se le encargase que eligiese dos símbolos, uno que representase una pelota de tenis y otro con una pelota de fútbol, es casi seguro que el símbolo de la pelota de tenis y el de la pelota de fútbol de dos personas distintas serían casi iguales y sin poder distinguir qué es cada cosa. Como en los dibujos se representan infinidad de cosas y para evitar que cada uno pueda inventarse los símbolos a su voluntad se establecen las normas, que como hemos dicho antes son las que definen que símbolo corresponde a cada elemento susceptible de representar. En España existe un AENOR (http://www.aenor.es), un organismo que se encarga de la realización de normas UNE hechas en España; a nivel internacional, las normas que reconocemos son las normas ISO, IEC, CEN, CENELEC, ETSI, COPANT, todas ellas aceptadas y de reconocido prestigio.

En el sector de la construcción se aplican las Normas Básicas de la Edificación –"NBE"– que contienen gran cantidad de simbología.

Formas de mecanizado normalizadas

Existen varias formas de mecanizado que se repiten con mucha frecuencia en la construcción de piezas, tales como puntos de centrado, entalladuras, terminaciones de tornillos, etc. Todas estas formas normalmente no se dibujan ni se acotan, salvo cuando no se dispone de las herramientas o en la fabricación de las mismas.

Puntos de centrado

Se emplean para el torneado de piezas de mucha longitud. Las formas pueden ser A, B, C y R y se representan en la figura. Para ejes que llevan un agujero roscado en su extremo y que interesa dejar el punto centrado se emplea el punto de forma D. En las piezas terminadas, en lo referente a los puntos de centrado, se pueden presentar tres casos:

1 El punto de centrado queda en la pieza.

2 El punto de centrado puede quedar en la pieza.

3 El punto de centrado no queda en la pieza.

En los casos 1 y 3 se indica el punto de centrado con un ángulo de 60° o una línea de referencia y designación del punto.

Entalladuras

Son vaciados interiores o exteriores efectuados en piezas torneadas. Se usan en piezas que acaban en ángulo recto y que van rectificadas. Su utilización es para dar salida a la piedra de esmeril. Al dibujarlas pueden representarse dibujadas y acotadas por completo o simplificadas, con indicación de la designación.

Formas normalizadas de las entalladuras

Forma E, para piezas con una superficie de mecanizado.

Forma F, para piezas con dos superficies de mecanizado, perpendiculares entre sí.

Redondeamiento y chaflanes

En la fabricación de piezas industriales se hacen redondeamientos y chaflanes.

El redondeamiento es la forma que adoptan algunos de los ángulos de las piezas mecánicas, con el objeto de:

• Evitar aristas vivas, que pueden causar heridas.

• Reforzar la solidez de la pieza.

• Facilitar la operación de moldeo en las piezas que se obtienen por fundición. Los radios para redondeamiento están normalizados según DIN 250.

Si varios redondeamientos de una pieza tienen el mismo radio, no es menester acotar uno a uno. Basta poner, junto al dibujo, una observación que diga, por ejemplo: Radios no acotados R4.

Chaflanes

La finalidad del chaflán es similar al redondeado, pero los chaflanes facilitan la penetración del eje en el agujero.

Los chaflanes a 45°se pueden indicar con una sola acotación para la anchura y el valor del ángulo.

Los chaflanes y redondeamientos para piezas que han de ir ajustadas con otras, la altura del chaflán y el radio del redondeamiento han de ser tales que el apoyo no se haga en los chaflanes o redondeamientos, sino en las superficies de los resaltes del eje o del alojamiento.

Representación y designación en los dibujos

En muchas ocasiones, el dibujo a escala real es muy tedioso e innecesario pues representa una carga de trabajo excesiva que no supone una mejora del objetivo del dibujo industrial: transmitir de forma inequívoca la forma de una pieza o conjunto de piezas. En esos casos se emplean símbolos que representan elementos; el caso más representativo es el dibujo de un tornillo; si tuviéramos que dibujar todos los filetes de las roscas sería imposible hacer un dibujo de conjunto en el que hubiese una cantidad considerable de ellos. Lo mismo sucede con la mayoría de las piezas que son de uso repetitivo en los dibujos; por ejemplo, en el esquema de la instalación basta con poner un símbolo para cada elemento.

Para dar más facilidades al que lee el plano se suele incluir una leyenda que consiste en una tabla en la que se representan los símbolos utilizados en el plano y una breve descripción de lo que representan.

Figura 39 .Esquema Instalación.

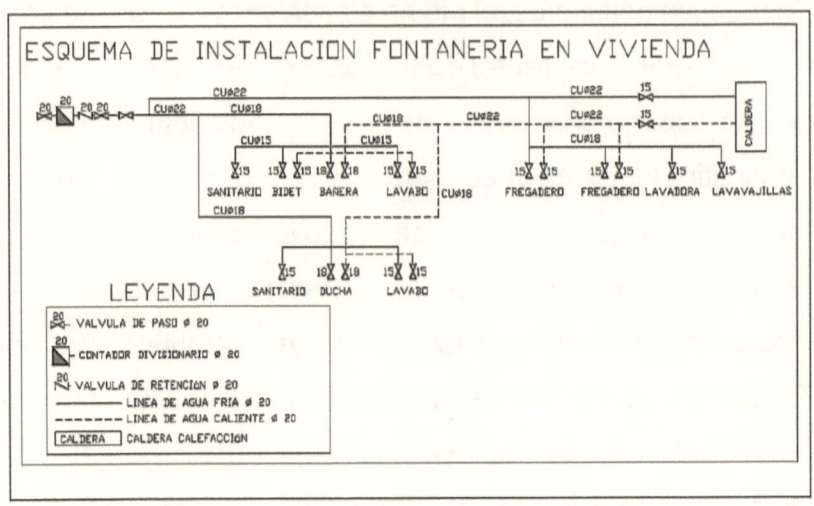

Representación de elementos de construcción soldada

Las normas UNE y DIN tienen normalizadas las representaciones de las soldaduras, para que no dar lugar a errores. En las vistas y acotaciones de la soldadura se siguen las reglas generales de dibujo.

Para la simplificación de las representaciones se emplean ciertos signos que hacen referencia:

- A la clase del cordón, sección y espesor.

- A la realización del cordón.

- A la preparación de las piezas.

- Al acabado del cordón.

Además, también se pueden añadir ciertos datos adicionales: tratamientos, ensayos, calidad, etc.

El conjunto de signos y datos adicionales se llama símbolos de soldadura.

Representación gráfica

Se llama así a la representación en la cual la junta soldada, vista en sección, aparece con el cordón en su verdadera forma y dimensión; en la vista longitudinal, la junta se representa por una línea continua y ancha, acompañada del signo del cordón y de los datos adicionales necesarios. El signo del cordón se coloca encima de la línea de la junta; en las juntas a tope se puede colocar en un espacio interrumpido de dicha línea.

Si en la vista longitudinal el cordón queda oculto se representa con una línea de trazos, aunque el origen del cordón se visible.

Si se representa una vista y además ésta no es la de la sección, hay que representar el signo del cordón de manera que corresponda a una sección normal de la soldadura perpendicular al eje de ésta. Cuando son más de una vista y en alguna la junta queda totalmente representada, no es necesario representar esas características en otras vistas. Si, por lo que sea, no se ve en la representación la junta, entonces se hará una detallada a escala mayor. Esto además es necesario cuando del dibujo de la junta soldada se debe deducir la preparación de la chapa, para los cordones especiales.

Tanto en la vista como en la sección, se representa la junta por una línea llena ancha. El símbolo de la soldadura se coloca siempre con una línea de referencia. Si el cordón queda en la vista por delante, el símbolo se coloca encima de la línea de referencia. Si el cordón queda oculto, se coloca el símbolo debajo de la línea de referencia. El símbolo debe colocarse de manera que reproduzca la forma y la posición de la sección del cordón.

Cuando se trata de un cordón angular no hace falta representar el signo, de manera que corresponda a la verdadera posición, sino que siempre se dibuja a la derecha. Hay simbología diferente en las normas UNE y DIN para los siguientes símbolos: Línea de referencia, en los signos para indicar la continuidad del cordón, en líneas que se usan para destacar el cordón de la soldadura, para indicar la dirección y orden de los cordones y otras para particularidades de cordones angulares.

Además, hay ocasiones en las que una junta soldada debe ser mecanizada o repasada de un modo particular. Algunos de estos casos se recogen en las normas:

- Aplanado de cordones.
- Raíces de los a tope repasados.
- Soldadura en el montaje.

La acotación de soldadura tiene sus particularidades, sobre todo en lo referente a la manera de anotarlas como datos adicionales.

En las normas se distingue la acotación según sea para representación gráfica o representación simbólica. En cualquier caso, de los dos se hace acotado del espesor y de la longitud del cordón.

Por último, también se indican datos de fabricación, tales como el procedimiento de soldadura, que según la DIN 1 910 serían las siguientes abreviaturas:

- G = Soldadura con gas
- E = Soldadura por arco voltaico
- UP = Soldadura bajo polvo.
- SG = Soldadura por arco voltaico, con gas de protección
- WIG = Soldadura con wolframio y gas inerte
- MIG = Soldadura con metal y gas inerte

O la calidad de la soldadura que viene abreviada por /// o ///, siendo la última la de menor calidad. También existen abreviaturas dentro de la fabricación de la posición de soldar que viene dado por una serie de letras minúsculas indicadas en la DIN 1 9112 o del material de aportación.

7. PLANOS DE OBRA CIVIL

Interpretación de alzados, plantas y secciones de edificaciones

En un proyecto de edificación son necesarios los planos de situación, cimentación, diferentes tipos de plantas, secciones, fachadas, detalles y de instalaciones.

Alzados

Los alzados del edificio son necesarios para poder disponer en el proyecto de una descripción gráfica de las partes vistas del exterior de la construcción una vez terminada, en la que se puedan apreciar formas y proporciones.

Para la realización de los alzados se partirá de las dimensiones y disposición de la planta; en función de ésta y de las alturas de los distintos elementos exteriores que componen las fachadas, se representan los alzados, en los que quedarán reflejadas de forma esquemática puertas, ventanas, antepechos, etc.

Todas las fachadas de la edificación se realizarán a escala 1:50, pero en proyectos de obra de gran volumen se pueden hacer a escala inferior siempre que se completen con detalles parciales a escala 1:50.

Si en la edificación hay patios interiores, los alzados se hacen a escala 1:100.

Figura 40.

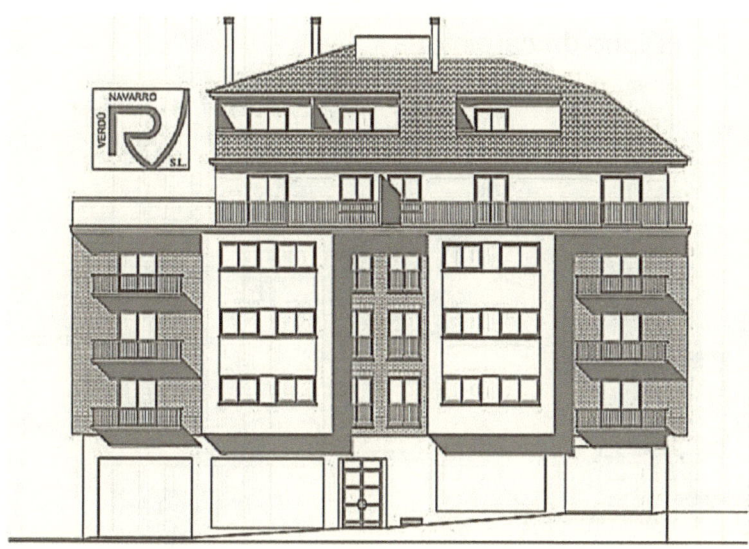

Plantas

Los planos de plantas de un edificio son varios y todos ellos necesarios en las distintas fases de ejecución de un edificio, teniendo cada uno de ellos la información específica necesaria; los más comunes son:

- Plano de cimentación y saneamiento.
- Plano de estructura.
- Plano de distribución.
- Plano de cubiertas.
- Plano de instalaciones:
- Fontanería.
- Electricidad.
- Calefacción y climatización.

- Instalaciones audiovisuales.
- Plano de carpintería.

Figura 41.

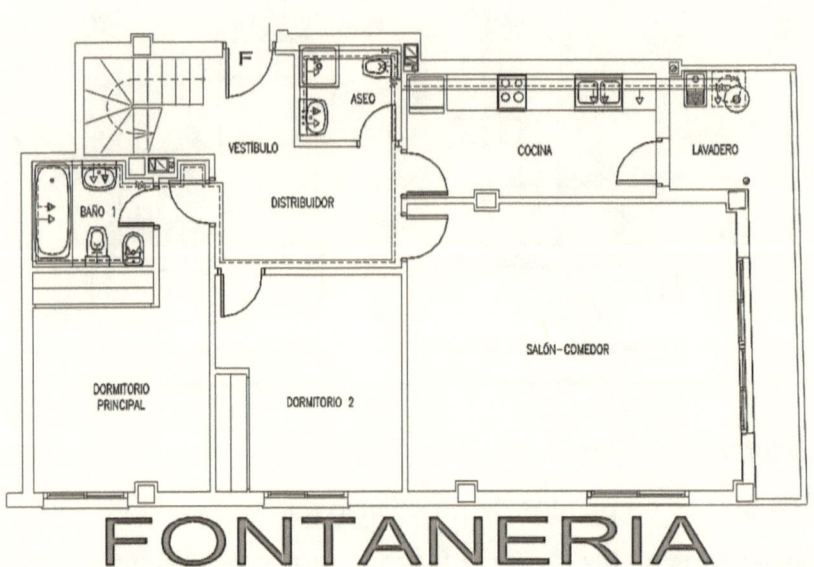

FONTANERIA

Secciones

De la misma manera que una pieza industrial requiere de secciones, la construcción también necesita apartar zonas del dibujo que permitan ver el interior de los edificios; es muy habitual realizar secciones para poder designar la altura entre plantas del edificio, designar las instalaciones que tienen montantes que afectan a varias plantas, localización y representación de escaleras y para todos los detalles que el proyectista considere necesario. Como una sección es un corte del edificio en sentido vertical, la línea de corte tendrá que estar representada sobre la planta; lo más habitual es que el corte representado en la planta no sea una línea recta y así poder recoger en la misma sección detalles que de la otra manera no serían posibles.

Figura 42.   Figura 43.

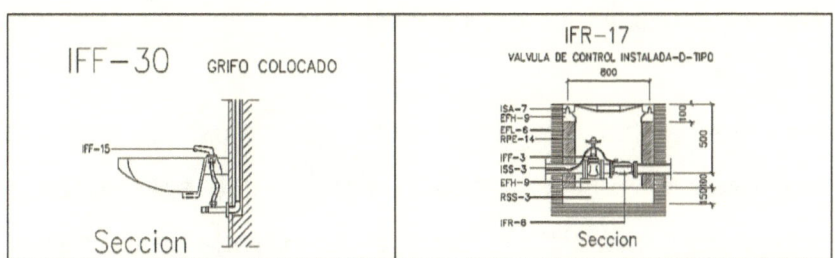

Las secciones también son aplicadas a detalles de elementos en la construcción, carpintería, fontanería, riego, instalaciones eléctricas, etc.

Interpretación de la documentación técnica de proyectos de obra civil y de urbanismo (planos, memoria, especificaciones técnicas y mediciones).

Un proyecto de obra civil, urbanismo o de instalaciones se compone de un conjunto de documentos que en su conjunto definen fielmente todos los parámetros de ejecución y contrata; estos documentos son:

- Memoria

Es un documento básicamente escrito en el que se define la obra, lugar, proyectista, normativa de aplicación, redacción y puntualización de cada uno de los elementos, organismo competente de control e inspección, etc. Dependiendo de la envergadura y el tipo de obra, será realizada por un técnico competente respetando en general que las instalaciones industriales son definidas por técnicos en la industria, las de construcción, por técnicos de la arquitectura, y así con cada campo de aplicación:

Telecomunicaciones, obra pública, etc.

Cálculos

Casi todos los proyectos están basados en cálculos matemáticos más o menos complejos que se realizan a criterio del proyectista o, como en la mayoría de los casos, ocurre de una forma normalizada; en cualquier caso, el proyecto recogerá la forma de realización de los cálculos y sus resultados justificando que darán cobertura matemática a las soluciones adoptadas en el proyecto.

- Mediciones

Es el documento en el que se recogen los materiales, la carga horaria de trabajo, los medios técnicos, la maquinaria, las herramientas necesarias y, en general, todo lo que se necesita y se puede cuantificar que es necesario para la realización del proyecto. Además de definirlo y cuantificarlo, este documento lo valora obteniendo un precio final de la obra en el que se distinguen los precios de cada uno de los componentes, mano de obra, materiales, medios técnicos, maquinaria, etc. Sirve como elemento de referencia en la contratación de la obra, definiendo el coste de ejecución y los beneficios del contratista.

- Pliego de condiciones

Este documento recoge las condiciones de realización de la obra y compromete a todos los que intervienen en ella, propiedad, contratista y técnicos competentes; se divide a su vez en varios documentos más específico como son el Pliego de condiciones técnicas, Pliego de condiciones económicas, etc.

8. CROQUIZADO DE MÁQUINAS, ELEMENTOS Y REDES

El croquizado consiste en realizar a mano alzada, sin utilizar instrumentos de dibujo, las proyecciones de un objeto. Nosotros necesitaremos realizarlo en las máquinas y elementos, de modo que cualquier otra persona sepa posteriormente interpretarlo; para ello, además, debemos incluir una serie de medidas para que pueda ser construido a escala. Por tanto, realizaremos el croquizado según hemos visto anteriormente, representando las proyecciones necesarias. Muchos elementos podrán ser representados con alzado, planta y perfil, y otras veces harán falta los dos laterales u otras vistas, también se pueden incluir vistas de detalle o de secciones frontales o transversales, etc., tal como hemos visto. Después pasaríamos a acotarlo según las normas y utilizando instrumentos de medición adecuados. Cada objeto que queramos representar en primer lugar se encajará en el papel fijando los ejes de simetría, después se repasan las líneas, rectificando posibles errores; a continuación se dibujan las líneas de cota y se toman las medidas sobre el elemento a dibujar y se sitúan en la cota. Al final, se borran las líneas sobrantes y se refuerzan las líneas perimetrales con un lápiz blando.

9. SISTEMAS DE REPRESENTACIÓN

Generalidades

Todos los sistemas de representación, tienen como objetivo representar sobre una superficie bidimensional, como es una hoja de papel, los objetos que son tridimensionales en el espacio. Con este objetivo, se han ideado a lo largo de la historia diferentes sistemas de representación. Pero todos ellos cumplen una condición fundamental, la reversibilidad, es decir, que si bien a partir de un objeto tridimensional, los diferentes sistemas permiten una representación bidimensional de dicho objeto, de igual forma, dada la representación bidimensional, el sistema debe permitir obtener la posición en el espacio de cada uno de los elementos de dicho objeto. Todos los sistemas, se basan en la proyección de los objetos sobre un plano, que se denomina plano del cuadro o de proyección, mediante los denominados rayos proyectantes. El número de planos de proyección utilizados, la situación relativa de estos respecto al objeto, así como la dirección de los rayos proyectantes, son las características que diferencian a los distintos sistemas de representación.

10. SISTEMAS DE PROYECCIÓN

En todos los sistemas de representación, la proyección de los objetos sobre el plano del cuadro o de proyección, se realiza mediante los rayos proyectantes, estos son líneas imaginarias, que pasando por los vértices o puntos del objeto, proporcionan en su intersección con el plano del cuadro, la proyección de dicho vértice o punto. Si el origen de los rayos proyectantes es un punto del infinito, lo que se denomina punto impropio, todos los rayos serán paralelos entre sí, dando lugar a la que se denomina, proyección cilíndrica. Si dichos rayos resultan perpendiculares al plano de proyección estaremos ante la proyección cilíndrica ortogonal, en el caso de resultar oblicuos respecto a dicho plano, estaremos ante la proyección cilíndrica oblicua.

Si el origen de los rayos es un punto propio, estaremos ante la proyección central o cónica.

Proyección

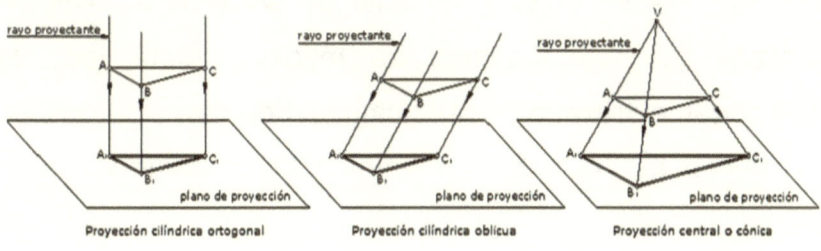

Proyección cilíndrica ortogonal   Proyección cilíndrica oblicua   Proyección central o cónica

Tipos y características

Los diferentes sistemas de representación, podemos dividirlos en dos grandes grupos: los sistemas de medida y los sistemas representativos.

Los sistemas de medida son: *el sistema diédrico* y *el sistema de planos acotados*. Se caracterizan por la posibilidad de poder realizar mediciones directamente sobre el dibujo, para obtener de forma sencilla y rápida, las dimensiones y posición de los objetos del dibujo. El inconveniente de estos sistemas es, que no se puede apreciar de un solo golpe de vista, la forma y proporciones de los objetos representados.

Los sistemas representativos, son *el sistema de perspectiva axonométrica*, *el sistema de perspectiva caballera*, *el sistema de perspectiva militar y de rana*, variantes de la perspectiva caballera, y *el sistema de perspectiva cónica o central*. Se caracterizan por representar los objetos mediante una única proyección, pudiéndose apreciar en ella, de un solo golpe de vista, la forma y proporciones de los mismos. Tienen el inconveniente de ser más difíciles de realizar que los sistemas de medida, sobre todo si comportan el trazado de gran cantidad de curvas, y que en ocasiones es imposible tomar medidas directas sobre el dibujo.

Aunque el objetivo de estos sistemas es representar los objetos como los vería un observador situado en una posición particular respecto al objeto, esto no se consigue totalmente, dado que la visión humana es binocular, por lo que a lo máximo que se ha llegado, concretamente, mediante la perspectiva cónica, es a representar los objetos como los vería un observador con un solo ojo.

En el siguiente cuadro pueden apreciarse las características fundamentales de cada uno de los sistemas de representación.

Sistema	Tipo	Planos de proyección	Sistema de proyección
Diédrico	De medida	Dos	Proyección cilíndrica ortogonal
Planos acotados	De medida	Uno	Proyección cilíndrica ortogonal
Perspectiva axonométrica	Representativo	Uno	Proyección cilíndrica ortogonal
Perspectiva caballera	Representativo	Uno	Proyección cilíndrica oblicua
Perspectiva militar	Representativo	Uno	Proyección cilíndrica oblicua
Perspectiva de rana	Representativo	Uno	Proyección cilíndrica oblicua
Perspectiva cónica	Representativo	Uno	Proyección central o cónica

Resumen

En esta unidad hemos conocido los soportes físicos para el dibujo y los formatos normalizados en los que se representan los dibujos técnicos, las técnicas de rotulación normalizada, las escalas más habituales, la representación y acotado de pieza, su acotación; hemos comprendido e interpretado el uso de simbología y los planos de obra civil. Todo ello con la intención de preparar al técnico en las áreas de interpretación y elaboración de planos que tan fundamental resulta en la realización de sus tareas más habituales; un técnico preparado y formado en estas técnicas será capaz de desarrollar su profesión correctamente.

CUESTIONARIO DE AUTOEVALUACIÓN

1. Realiza un croquis de las vistas de la siguiente pieza sabiendo que su dimensión más grande es de 90 mm.

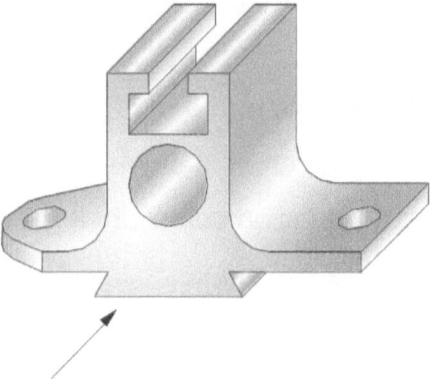

2. Realiza un dibujo a escala de la siguiente pieza sabiendo que su dimensión más grande es de 90 mm.

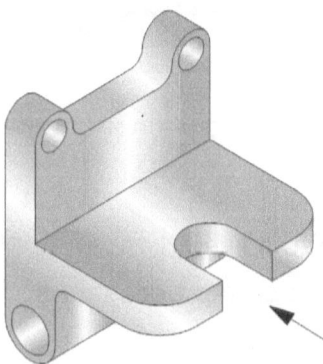

Busca el alzado más representativo y las mínimas vistas posibles. Realiza un acotado normalizado.

3. Busca bibliografía, o en Internet, el Reglamento de seguridad en Plantas e Instalaciones Frigoríficas y realiza una tabla con los símbolos usados en las instalaciones.

4. Realiza un croquis a mano alzada de tu aula en el que aparezca.
• Distribución de mobiliario.
• Instalación eléctrica con simbología normalizada.
• Instalación de calefacción con simbología normalizada.
• Sección transversal del aula.
• Acotación en planta y alzados.
Realiza los ejercicios propuestos en el archivo láminas.

5. Explica qué es la normalización y la importancia de su aplicación en el trazado de planos.

6. Explica qué es un símbolo y por qué se utilizan.

7. Cuántos formatos de papel A4 caben en A1. Realiza un croquis indicando los cortes necesarios.

8. Si las medidas en los planos son las indicadas en la tabla y la escala utilizada es la indicada ¿Qué medida tendremos en la realidad?

Completa la tabla.

Escala del Plano.	Medida sobre plano.	Medida real.
1:100	20 mm.	
	80 mm.	80 m.
1:2		120 mm.
1:50		20 m.
1:250	20 Cm.	

9. En el plano de instalación de fontanería de la siguiente vivienda realiza la medición de los materiales necesarios para realizar la instalación.

Tubería.

Accesorios.

Valvulería.

Grifería.

Aislamientos.

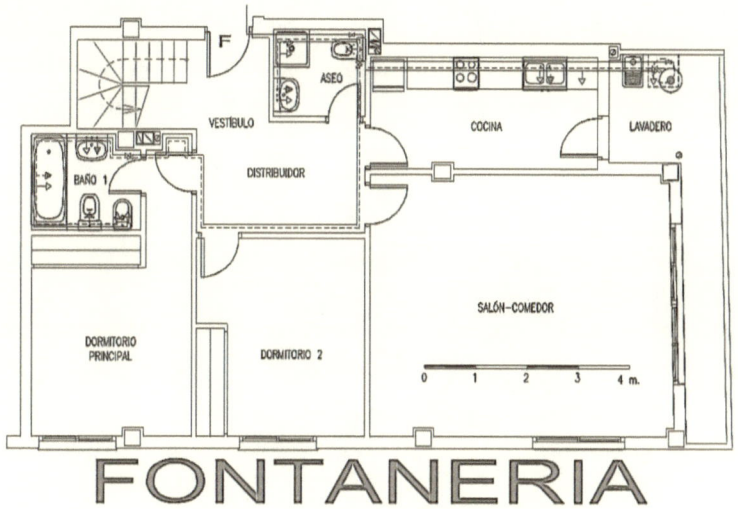

67

ESQUEMA DE INSTALACION FONTANERIA EN VIVIENDA

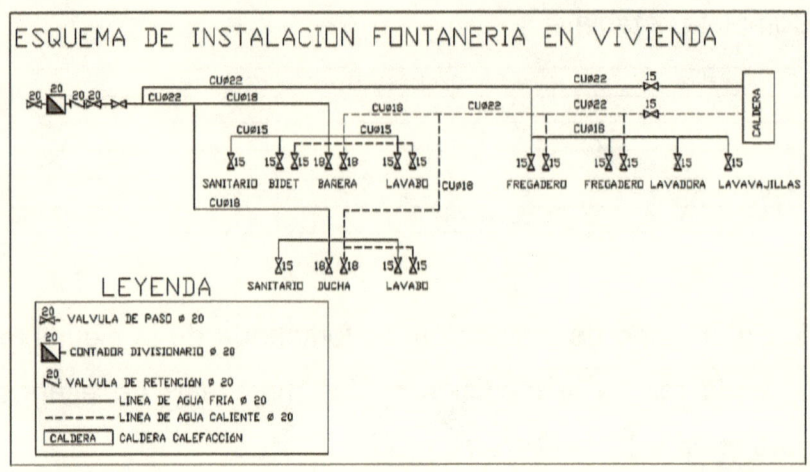

LEYENDA

- VALVULA DE PASO ⌀ 20
- CONTADOR DIVISIONARIO ⌀ 20
- VALVULA DE RETENCION ⌀ 20
- ———— LINEA DE AGUA FRIA ⌀ 20
- ------- LINEA DE AGUA CALIENTE ⌀ 20
- CALDERA CALDERA CALEFACCIÓN

GEOMETRÍA PLANA

1. INTRODUCCIÓN A LA GEOMETRÍA

La Geometría (del griego geo, 'tierra'; metrein, 'medir') es la rama de las matemáticas que se ocupa de las propiedades del espacio. La geometría euclídea aporta los contenidos que, en nuestra opinión, esencialmente deben ser estudiados en la educación primaria. Elaborada por Euclides en el siglo III a. c., representa una aportación grandiosa del antiguo pensamiento griego a la cultura de la humanidad. Otros desarrollos posteriores de la geometría, más apropiados para niveles educativos más elevados son: la geometría analítica, la geometría diferencial, la geometría descriptiva, la geometría proyectiva, la geometría topológica, etc. El saber geométrico es el conocimiento de las propiedades del espacio geométrico. Desde el punto de vista educativo es importante diferenciarlo del conocimiento de las propiedades del espacio físico. El espacio geométrico se constituye como una modelización del espacio físico; nos permite comprender o prever ciertos fenómenos del espacio físico, pero no coincide con él. Las figuras que manejamos en geometría no existen en la realidad, son idealizaciones de objetos de la realidad material. No existe, por ejemplo, la línea recta ideal, pues cualquier línea recta material mirada al microscopio resultaría curva; no existe el punto ideal, carente de dimensiones; no existe la superficie ideal, carente de grosor. Aunque las figuras ideales no existen, se pueden estudiar con ayuda de sus representaciones materiales.

Desde los griegos, la regla y el compás contribuyeron a materializar las ideas geométricas. Las construcciones que se realizan con estos instrumentos ayudan a comprender mejor las propiedades geométricas.

Pero la validación de los teoremas geométricos se hace de forma lógica, mediante razonamientos lógicos. Los dibujos ayudan a establecer relaciones lógicas entre las figuras, pero no sustituyen, sino que auxilian, al razonamiento lógico.

Desarrollo histórico de la geometría

La historia del origen de la Geometría es muy similar a la de la Aritmética, siendo sus conceptos más antiguos consecuencia de las actividades prácticas. Los primeros hombres llegaron a formas geométricas a partir de la observación de la naturaleza. El sabio griego Eudemo de Rodas, atribuyó a los egipcios el descubrimiento de la geometría, ya que, según él, necesitaban medir constantemente sus tierras debido a que las inundaciones del Nilo borraban continuamente sus fronteras. Recordemos que, precisamente, la palabra geometría significa medida de tierras. Los egipcios se centraron principalmente en el cálculo de áreas y volúmenes, encontrando, por ejemplo, para el área del círculo de radio unidad un valor aproximado de 3'1605. Sin embargo el desarrollo geométrico adolece de falta de teoremas y demostraciones formales. También encontramos rudimentos de trigonometría y nociones

72

básicas de semejanza de triángulos. También se tienen nociones geométricas en la civilización mesopotámica, constituyendo los problemas de medida el bloque central en este campo: área del cuadrado, del círculo, volúmenes de determinados cuerpos, semejanza de figuras, e incluso hay autores que afirman que esta civilización conocía el teorema de Pitágoras aplicado a problemas particulares, aunque no, obviamente, como principio general. No se puede decir que la geometría fuese el punto fuerte de las culturas china e india, limitándose principalmente a la resolución de problemas sobre distancias y semejanzas de cuerpos. También hay quien afirma que estas dos civilizaciones llegaron a enunciados de algunos casos particulares del teorema de Pitágoras, e incluso que desarrollaron algunas ideas sobre la demostración de este teorema. En los matemáticos de la cultura helénica los problemas prácticos relacionados con las necesidades de cálculos aritméticos, mediciones y construcciones geométricas continuaron jugando un gran papel. Sin embargo, lo novedoso era, que estos problemas poco a poco se desprendieron en una rama independiente de las matemáticas que obtuvo la denominación de "logística". A la logística fueron atribuidas: las operaciones con números enteros, la extracción numérica de raíces, el cálculo con la ayuda de dispositivos auxiliares, cálculo con fracciones, resolución numérica de problemas que conducen a ecuaciones de 1er y 2º grado, problemas prácticos de cálculo y constructivos de la arquitectura, geometría, agrimensura, etc. Al mismo tiempo ya en la escuela de Pitágoras se advierte un proceso de recopilación de hechos matemáticos abstractos y la unión de ellos en sistemas teóricos. Junto a la demostración geométrica del teorema de Pitágoras fue encontrado el método de hallazgo de la serie ilimitada de las ternas de números "pitagóricos", esto es, ternas de números que satisfacen la ecuación: $a^2 + b^2 = c^2$. En este tiempo transcurrieron la abstracción y sistematización de las informaciones geométricas. En los trabajos geométricos se introdujeron y perfeccionaron los métodos de demostración geométrica. Se consideraron, en particular: el teorema de Pitágoras, los problemas sobre la cuadratura del círculo, la trisección de un ángulo, la duplicación del cubo, la cuadratura de una serie de áreas (en particular las acotadas por líneas curvas). Paralelamente, al ampliarse el número de magnitudes medibles, debido a la aparición de los números irracionales, se originó una reformulación de la geometría, dando lugar al álgebra geométrica. Esta nueva rama incluía entre otros conceptos el método de anexión de áreas, el conjunto de proposiciones geométricas que interpretaban las cantidades algebraicas, división áurea, expresión de la arista de un poliedro regular a través del diámetro de la circunferencia circunscrita. Sin embargo, el álgebra geométrica estaba limitada a objetos de dimensión no mayor que dos, siendo inaccesibles los problemas que conducían a ecuaciones de tercer grado o superiores, es decir, se hacían imposibles los problemas que no admitieran solución mediante regla y compás. La historia sobre la resolución de los tres problemas geométricos clásicos (sobre la cuadratura del círculo, la trisección de un ángulo, la duplicación del cubo) está llena de anécdotas, pero lo cierto es que como consecuencia de ellos surgieron, por ejemplo, las secciones cónicas, cálculo aproximado del número pi, el método de exhaución como predecesor del cálculo de límites o la introducción de curvas trascendentes. Asimismo, el surgimiento de la irracionalidad condicionó la necesidad de creación de una teoría general de las relaciones, teoría cuyo fundamento inicial lo constituyó el algoritmo de Euclides. Las primeras teorías matemáticas que se abstrajeron de los problemas concretos o de un conjunto de problemas de un mismo tipo, crearon las condiciones necesarias y suficientes para el reconocimiento de la autonomía y especificidad de las matemáticas. El carácter abstracto del objeto de las matemáticas y los métodos de demostración matemática establecidos, fueron las principales causas para que esta ciencia se comenzara a exponer como una ciencia deductiva, que a partir de unos axiomas, presenta una sucesión lógica de teoremas. Las obras en las cuales, en aquella época se exponían los primeros sistemas matemáticos se denominaban "Elementos". Se encuentran elementos pertenecientes a muchos autores, sin embargo todos ellos han quedado relegados a un segundo plano tras la obra matemática más impresionante de la historia: Los Elementos de Euclides. "Los Elementos", como denominaremos a esta obra a partir de ahora, están constituidos por trece libros, cada uno de los cuales consta de una sucesión de teoremas. A veces se añaden otros dos, los libros 14 y 15 que pertenecen a otros autores pero por su contenido, están próximos al último libro de Euclides. En "Los Elementos" de Euclides se recogen una serie de axiomas o postulados que sirvieron de base para el posterior desarrollo de la geometría. Es de especial interés, por la controversia que originó en épocas posteriores el quinto axioma, denominado "el de las paralelas", según el cual dos rectas paralelas no se cortan nunca. Durante siglos se asumió este axioma como irrebatible, hasta que en el siglo XIX surgieron las llamadas geometrías no euclídeas, que rebatieron este postulado. Con posterioridad a Euclides y Arquímedes, las matemáticas cambiaron fuertemente, tanto en su forma como en su contenido, haciendo el proceso de formación de nuevas teorías más pausado, hasta llegar a interrumpirse. Entre las nuevas teorías desarrolladas ocupa el primer lugar la teoría de las secciones cónicas, que surgió de las limitaciones del álgebra geométrica. El interés hacia las secciones cónicas creció a medida que aumentaban la cantidad de problemas resueltos con su ayuda. Sin duda, la obra más completa, general y sistemática de las secciones cónicas se debe a Apolonio de Perga. En la época del dominio romano destacan algunos recetarios en forma de reglas que permitían el cálculo de algunas áreas y volúmenes; y en especial la conocida fórmula de Herón para calcular el área del triángulo, conocidos los tres lados. Durante el primer siglo del Imperio Musulmán no se produjo ningún desarrollo científico, ya que los árabes, no habían conseguido el impulso intelectual necesario, mientras que el interés por el saber en el resto del mundo, había desaparecido casi completamente. Fue a partir de la segunda mitad del siglo VIII, cuando comenzó el desenfrenado proceso de traducir al árabe todas las obras griegas conocidas, fundándose escuelas por todo el Imperio. Destacaremos como avance anecdótico, pero no por ello carente de valor, la obtención del número pi con 17 cifras exactas mediante polígonos inscritos y circunscritos en la circunferencia realizada por Kashi (s. XV). Después de más de 150 años, en 1593, en Europa, Viète encontró sólo nueve cifras exactas. Hubo que esperar a fines del siglo XVI y comienzos del XVII para repetir el cálculo de Kashi. El rasgo característico más importante de las matemáticas árabes fue la formación de la trigonometría. En relación con los problemas de astronomía, confeccionaron tablas de las funciones trigonométricas con gran frecuencia y alto grado de exactitud, tanto en trigonometría plana como esférica.

Entre las obras geométricas destacan las de Omar Khayyam (s. XVI) y Nasir Edin (s. XIII), directamente influenciadas por las obras clásicas, pero a las que contribuyeron con distintas generalizaciones y estudios críticos, como los relativos al axioma euclidiano del paralelismo, que pueden considerarse como estudios precursores de la geometría no euclidiana. En el continente europeo, las matemáticas no tienen un origen tan antiguo como en muchos países del Lejano y Medio Oriente, alcanzando sólo éxitos notorios en la época del medioevo desarrollado y especialmente en el Renacimiento. Podemos considerar la obra de Fibonacci "Practica Geometriae" como el punto de arranque de la geometría renacentista. Esta obra está dedicada a resolver determinados problemas geométricos, especialmente medida de áreas de polígonos y volúmenes de cuerpos.

El profesor parisino Nicole Oresmes (1328-1382) llegó a utilizar en una de sus obras coordenadas rectangulares, aunque de forma rudimentaria, para la representación gráfica de ciertos fenómenos físicos. Ya en el siglo XV, época de las grandes navegaciones, la trigonometría fue separada de la astronomía, alzándose como ciencia independiente de la mano de Regiomontano (1436-1474), que trató de una manera sistemática todos los problemas sobre la determinación de triángulos planos y esféricos. Asimismo en esta obra se establece un notable cambio desde el álgebra literal al álgebra simbólica. Fue François

Viète (1540-1603) quien dio un sistema único de símbolos algebraicos consecuentemente organizado, estableciendo en todo momento, una fuerte conexión entre los trabajos trigonométricos y algebraicos, de forma que de igual manera que se le considera el creador del álgebra lineal, se le podría considerar como uno de los padres del enfoque analítico de la trigonometría, esto es, la goniometría. Para hacer más fáciles los cálculos, los matemáticos desarrollaron ciertos procedimientos en los que, el papel fundamental lo jugaban determinadas relaciones trigonométricas, lo que llevó a la confección de numerosas tablas trigonométricas. En la elaboración de tablas trabajaron, por ejemplo, Copérnico (1473-1543) y Kepler (1571,1630). Semejantes métodos se utilizaban tan frecuentemente que recibieron el nombre de "prostaferéticos". Ellos fueron utilizados por los matemáticos de Oriente Medio, Viète, Tycho Brahe, Wittich, Bürgi y muchos otros. Estos métodos siguieron utilizándose incluso después de la invención de los logaritmos a comienzos del siglo XVII, aunque sus fundamentos, basados en la comparación entre progresiones aritméticas y geométricas, comenzaron a fraguarse mucho antes. Durante el siglo XVII surgieron casi todas las disciplinas matemáticas, produciéndose en lo que a la geometría se refiere el nacimiento de la geometría analítica. Sin duda los dos grandes en esta materia y época fueron René Descartes (1596-1650) y Pierre de Fermat (1601-1655).

La última parte de la famosa obra de Descartes "Discurso del Método" denominada "Géometrie", detalla en su comienzo, instrucciones geométricas para resolver ecuaciones cuadráticas, centrándose seguidamente en la aplicación del álgebra a ciertos problemas geométricos. Analiza también curvas de distintos órdenes, para terminar en el tercer y último libro que compone la obra, con la construcción de la teoría general de ecuaciones, llegando a la conclusión de que el número de raíces de una ecuación es igual al grado de la misma, aunque no pudo demostrarlo. Prácticamente la totalidad de la Geometría está dedicada a la interrelación entre el álgebra y la geometría con ayuda del sistema de coordenadas. Simultáneamente con Descartes, Pierre de Fermat desarrolló un sistema análogo al de aquél. Las ideas de la geometría analítica, esto es, la introducción de coordenadas rectangulares y la aplicación a la geometría de los métodos algebraicos, se concentran en una pequeña obra: "introducción a la teoría de los lugares planos y espaciales". Aquellos lugares geométricos representados por rectas o circunferencias se denominaban planos y los representados por cónicas, especiales. Fermat abordó la tarea de reconstruir los "Lugares Planos" de Apolonio, describiendo alrededor de 1636, el principio fundamental de la geometría analítica: "siempre que en una ecuación final aparezcan dos incógnitas, tenemos un lugar geométrico, al describir el extremo de uno de ellos una línea, recta o curva".

Para el caso de ecuaciones cuadráticas más generales, en las que aparecen varios términos de segundo grado, aplicó rotaciones de los ejes con objeto de reducirlas a los términos anteriores. La extensión de la geometría analítica al estudio de los lugares geométricos espaciales, la realizó por la vía del estudio de la intersección de las superficies espaciales por planos. Sin embargo, las coordenadas espaciales también en él están ausentes y la geometría analítica del espacio quedó sin culminar. En el siglo XVIII, además de la consolidación de la geometría analítica, surgieron la geometría diferencial, la geometría descriptiva y proyectiva, así como numerosos trabajos sobre los fundamentos de la geometría. Entre los diferentes problemas y métodos de la geometría, tuvieron gran significado las aplicaciones geométricas del cálculo infinitesimal. De ellas surgió y se desarrolló la geometría diferencial, la ciencia que ocupó durante el siglo XVIII el lugar central en al sistema de las disciplinas geométricas. A comienzos de siglo ya habían sido estudiados muchos fenómenos de las curvas planas por medio del análisis infinitesimal, para pasar posteriormente a estudiar las curvas espaciales y las superficies. Este traspaso de los métodos de la geometría bidimensional al caso tridimensional fue realizado por Clairaut. Sin embargo, su obra fue eclipsada, como casi todo en esta época, por los trabajos de Euler. Fue Euler quien, en 1748, sistematizó la geometría analítica de una manera formal. En primer lugar expuso el sistema de la geometría analítica en el plano, introduciendo además de las coordenadas rectangulares en el espacio, las oblicuas y polares. En segundo lugar, estudió las transformaciones de los sistemas de coordenadas. También clasificó las curvas según el grado de sus ecuaciones, estudiando sus propiedades generales. En otros apartados de sus obras trató las secciones cónicas, las formas canónicas de las ecuaciones de segundo grado, las ramas infinitas y asintóticas de las secciones cónicas y clasificó las curvas de tercer y cuarto orden, demostrando la inexactitud de la clasificación newtoniana. También estudió las tangentes, problemas de curvaturas, diámetros y simetrías, semejanzas y propiedades afines, intersección de curvas, composición de ecuaciones de curvas complejas, curvas trascendentes y la resolución general de ecuaciones trigonométricas. Todo estos aspectos se recogen en el segundo tomo de la obra "Introducción al análisis..." que Euler dedicó exclusivamente a la geometría analítica. Los métodos de la geometría descriptiva surgieron en el dominio de las aplicaciones técnicas de la matemática y su formación como ciencia matemática especial, se culminó en los trabajos de Monge, cuya obra en este terreno quedó plasmada en el texto "Géometrie descriptive". En la obra se aclara, en primer lugar, el método y objeto de la geometría descriptiva, prosiguiendo a continuación, con instrucciones sobre planos tangentes y normales a superficies curvas.

Analiza en capítulos posteriores la intersección de superficies curvas y la curvatura de líneas y superficies.

El perfeccionamiento de carácter particular y la elaboración de diferentes métodos de proyección constituyeron el contenido fundamental de los trabajos sobre geometría proyectiva en lo sucesivo. La idea del estudio de las propiedades proyectivas de los objetos geométricos, surgió como un nuevo enfoque que simplificara la teoría de las secciones cónicas. Las obras de Desargues y Pascal resuelven este problema y sirven de base a la nueva geometría. La geometría hacia comienzos del siglo XIX representaba ya un amplio complejo de disciplinas surgidas del análisis y generalizaciones de los datos sobre las formas espaciales de los cuerpos. Junto a las partes elementales, se incluyeron en la geometría casi todas aquellas partes que la conforman actualmente. La geometría analítica realizó un gran camino de desarrollo y determinó su lugar como parte de la geometría que estudia las figuras y transformaciones dadas por ecuaciones algebraicas con ayuda del método de coordenadas utilizando los métodos del álgebra. La geometría diferencial se caracterizó por la utilización de los conceptos y métodos del cálculo diferencial, lo que conllevó relaciones estables con el análisis matemático y con numerosos problemas aplicados. Una de las características principales de la geometría que se desarrolló durante la segunda mitad del siglo XIX, fue el entusiasmo con que los matemáticos estudiaron una gran variedad de transformaciones. De ellas, las que se hicieron más populares fueron las que constituyen el grupo de transformaciones que definen la denominada geometría proyectiva. Los métodos aparentemente detenidos en su desarrollo desde la época de Desargues y Pascal, de estudio de las propiedades de las figuras invariantes respecto a la proyección, se conformaron en los años 20 del siglo XIX en una nueva rama de la geometría: la geometría proyectiva, merced sobre todo a los trabajos de J. Poncelet. Otro aspecto esencial durante este siglo fue el desarrollo de las geometrías no euclidianas. Podríamos considerar fundador de esta geometría al matemático ruso Nicolai Ivanovich Lobachevski (1792-1856). Su obra mostraba que era necesario revisar los conceptos fundamentales que se admitían sobre la naturaleza de la matemática, pero ante el rechazo de sus contemporáneos tuvo que desarrollar sus ideas en solitario aislamiento. El punto de partida de las investigaciones de Lobachevski sobre geometría no euclidiana fue el axioma de las paralelas de Euclides, sin demostración durante siglos. Lobachevski, que inicialmente intentó demostrar dicho axioma, rápidamente se dio cuenta que ello era imposible, sustituyendo dicho axioma por su negación: a través de un punto no contenido en una recta se puede trazar más de una paralela que yace en el mismo plano que la primera. El año 1826 puede considerarse como

84

la fecha de nacimiento de esta geometría no euclidiana o lobachevskiana, siendo en ese año cuando el autor presentó muchos de los trabajos que avalaban la nueva teoría. La geometría no euclidiana continuó siendo durante varias décadas un aspecto marginal de la matemática, hasta que se integró en ella completamente gracias a las concepciones extraordinariamente generales de Rieman.

2. GEOMETRÍA PLANA

Elementos geométricos fundamentales. Definición

Punto, línea y plano son los elementos geométricos básicos con los que podemos todas las figuras geométricas, se denominan propios si pertenecen a un espacio finito e impropio. Los límites de un cuerpo son las superficies, de las superficies las líneas y de las líneas los puntos. Los planos tienen dos dimensiones, una dimensión las líneas y ninguna dimensión los puntos, que únicamente determinan un lugar.

Punto: Queda definido por la intersección de dos líneas, se designa x, +, . , o (A).

Recta:

- Línea recta. Sucesión de puntos sin principio ni final.
- Se denomina semirrecta cuando tiene un origen concreto en un espacio finito.
- Se denomina segmento cuando está limitada por ambos lados.

• Línea curva: Es una sucesión de puntos que no están en la misma dirección.

Plano: Está formado por infinitas rectas, no tiene límites, se designa con mayúscula y se lo determinan dos rectas que se cortan, un punto y una recta no alineados, tres puntos o dos rectas paralelas.

Perpendicularidad

Definición: Dos rectas o dos planos son perpendiculares entre sí cuando se cortan (o cruzan) formando ángulo recto. También se denominan ortogonales o normales.

Símbolos: ⊥, L.

Axiomas:

• Por un punto de una recta pasa una sola perpendicular.

• Por un punto exterior a una recta solo pasa una perpendicular a dicha recta.

Teoremas:

1. *Recta perpendicular a un plano:* Una recta perpendicular a un plano lo es a todas las rectas contenidas en dicho plano, pasen o no por la intersección recta-plano o pie de la perpendicular. FIG. 1.

2. *Teorema de las tres perpendiculares:* Si dos rectas son perpendiculares entre sí y una de ellas es paralela a un plano, sus proyecciones ortogonales sobre dicho plano, son también ortogonales. FIG. 2.

3. *Perpendicularidad entre planos:* Para que dos planos sean perpendiculares entre sí, es preciso que uno de ellos contenga una recta perpendicular al otro. FIG. 3.

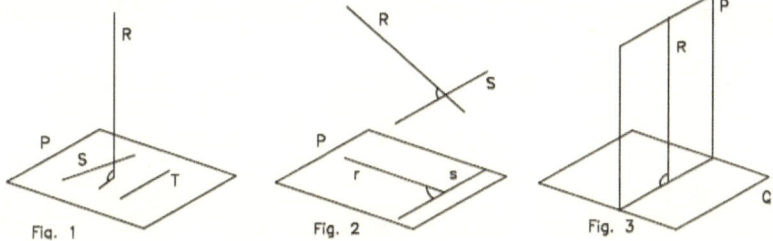

Fig. 1   Fig. 2   Fig. 3

Mediatriz

Mediatriz de un segmento, es el lugar geométrico[1] de los puntos de un plano que equidistan de los extremos de dicho segmento. Divide al segmento en dos partes iguales y es perpendicular a éste. Se dibuja trazando por los extremos del segmento dos arcos de radio arbitrario pero mayor que la mitad del segmento, unidos los puntos C y D en donde los arcos segmento cortan, se obtiene la mediatriz[2]. FIG. 4.

---

[1]*Lugar geométrico es el conjunto de puntos que cumplen una determinada condición común.*
[2]*Por la construcción realizada, C y D equidistan de A y B luego la recta que definen S, también equidista de A y B, pasa por tanto por su punto medio y es perpendicular a R.*

Trazado de perpendiculares

1. Perpendicular a una recta por un punto de ella:

Con centro en P trazamos un arco de radio arbitrario que corta a la recta en A y B, definido el segmento AB trazamos su mediatriz. FIG. 5.

2. Perpendicular a una recta por un punto exterior:

Con centro en P trazamos un arco de radio arbitrario que corte a la recta en A y B, definido el segmento AB trazamos su mediatriz. FIG. 6.

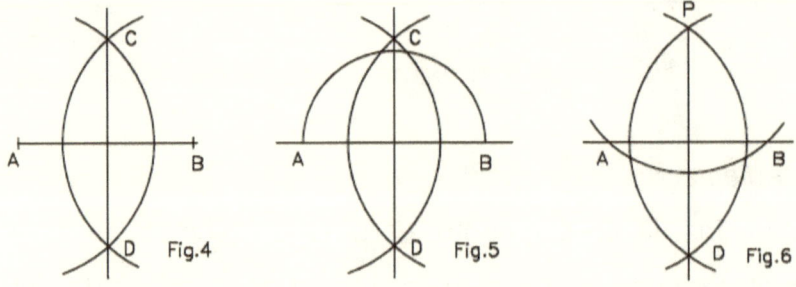

3. Perpendicular a una semirrecta en su extremo:

1er método: Basado en el teorema de Pitágoras. En todo triángulo rectángulo, el cuadrado de la hipotenusa es igual a la suma de los cuadrados de los catetos.

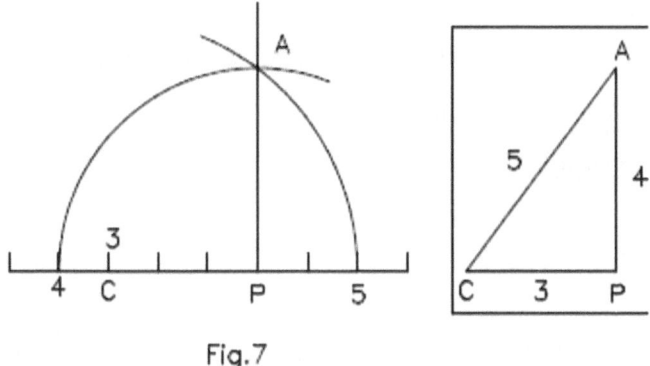

Fig.7

Si los catetos son de 3 y 4 unidades y la hipotenusa de 5, tenemos que $3^2 + 4^2 = 5^2$, luego si trazamos desde el extremo de la semirrecta un arco de radio 4 cm, y a 3 cm de dicho extremo, en C otro arco de 5 cm, obtenemos el punto A de corte de ambos arcos que unido con el extremo P de la semirrecta nos proporciona la perpendicular buscada. Podemos observar que el triángulo ACP es efectivamente rectángulo. FIG. 7.

2º método: Basado en la construcción del triángulo equilátero[3]. Con radio arbitrario pero fijo, trazamos arcos sucesivos, comenzando por P obtenemos A en r, con centro en A obtenemos B, desde B, C y desde B y C, D.

Uniendo D y P obtenemos la perpendicular. FIG. 8.

89

3er método: Basado en el arco capaz[4]. Desde un punto exterior C cualquiera, trazamos una circunferencia que pase por P, extremo de la semirrecta que corta a r en A, uniendo A y C obtenemos B en la circunferencia, unimos B y P, perpendicular buscada. FIG. 9.

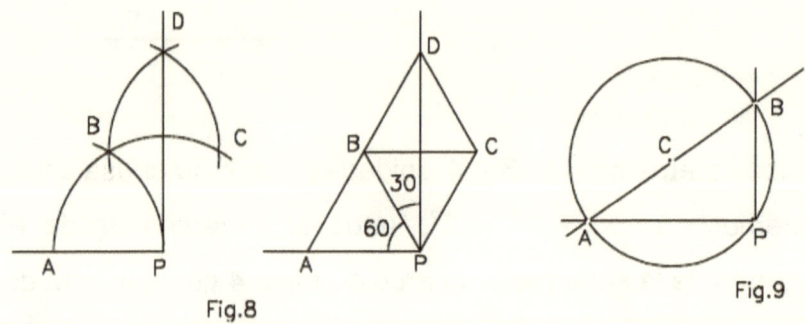

Fig.8

Fig.9

Aplicaciones

• Las aplicaciones son numerosas, podemos poner como ejemplo:

• División de un segmento en dos partes iguales.

• Trazado de una circunferencia que pase por dos puntos.

---

[3]*Los puntos PAB determinan un triángulo equilátero por lo que sus ángulos son de 60°, CPB son vértices de otro triángulo equilátero. La perpendicular trazada es bisectriz del ángulo CPB, divide este ángulo en dos de 30° que sumado al contiguo de 60°, BPA, dan como resultado los 90° del ángulo formado por el segmento PD y la semirrecta de origen en P.*

[4]*B y A definen un diámetro de la circunferencia, el arco ACB es capaz de 90°, todos los ángulos con su vértice en él y extremos coincidentes con A y B son de 90°, APB cumple esta condición, luego los segmentos PB y PA son perpendiculares entre sí.*

• Trazado de una circunferencia que pase por tres puntos no alineados.

• Distancias mínimas, entre punto y recta, punto y plano, rectas, recta y plano, planos.

• Tangentes a la circunferencia (perpendiculares al radio).

• Trazado de ejes radicales.

• Medias proporcionales entre segmentos.

• Construcción de paralelogramos y triángulos rectángulos.

Paralelismo

Definición:

Rectas paralelas son aquellas que, estando en un mismo plano, no se cortan en un espacio finito, o se cortan en el infinito. Permanecen equidistantes. Se designan: //

Axiomas:

Postulado de Euclides: Por un punto exterior a una recta, sólo puede trazarse una paralela a dicha recta. (Euclides fue un geómetra del Siglo tercero antes de Cristo).

-Dos rectas paralelas a una tercera, son paralelas entre sí.

-Una recta perpendicular a otra, lo es a todas sus paralelas.

<u>Trazado</u>

1. Trazar una paralela a una recta por un punto exterior.

<u>1er método</u>: Desde un punto M cualquiera de la recta dada r, trazamos haciendo centro en él, un arco que pase por P y corte a la recta en dos puntos A y B. Transportamos la

<u>2º método</u>: Trazamos una perpendicular a R dada que pase por P dado, trazando otra perpendicular a la anterior por P tenemos la paralela buscada. FIG. 11.

2. Paralela a una recta a una distancia dada.

Por un punto cualquiera de r trazamos una perpendicular sobre la que llevamos la distancia dada obteniendo el punto A por donde trazamos una perpendicular r que será la paralela a la recta dada. FIG.12.

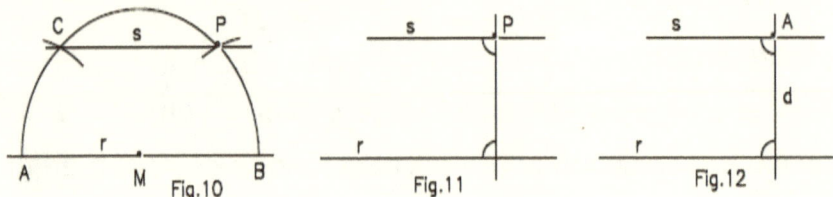

Fig.10   Fig.11   Fig.12

Aplicaciones

• División de un segmento en un número cualquiera de partes iguales.

• División de un segmento en un número cualquiera de partes proporcionales.

• Trazado de escalas gráficas.

• Paralelogramos.

• Traslación de figuras.

---

[5]*Siendo iguales los arcos PB y CA dichas cuerdas también lo serán luego la recta CP equidista de A y B, es decir de r.*

Ángulos

Definición

Si sobre un plano se consideran dos semirrectas de origen común, el plano queda dividido en dos regiones denominadas ángulos. Ángulo es por tanto la parte del plano comprendida entre dos semirrectas de origen común.

Los lados del ángulo son las dos semirrectas, el vértice, el origen común de ambas.

Se designan de tres formas:

• Por sus lados y vértice, coronados por un sombrerete, en forma de acento circunflejo AÔB.

• Por su vértice, con el sombrerete ô.

• Por letras griegas α, β, φ. FIG. 13.

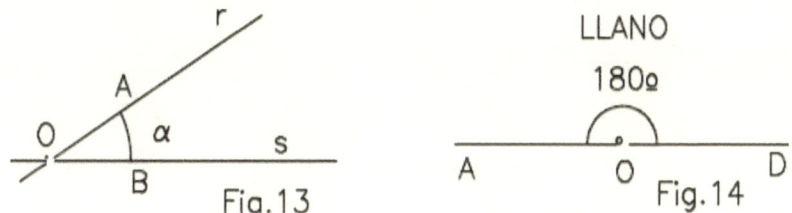

Fig.13

Fig.14

Unidades:

Los ángulos se miden por los arcos que abarcan.

Para establecer la unidad de medida, denominada grado, se divide un cuarto de circunferencia en un número determinado de partes iguales:

1º. Sistema Sexagesimal.

Si dividimos este cuarto de circunferencia en 90 partes.

Es el sistema más usual. La circunferencia completa tiene 360º. Un grado se divide a su vez en 60 minutos (60'), y estos en 60 segundos (60") por lo que un grado tiene 3600".

2º. Sistema Centesimal.

Si dividimos el cuarto de circunferencia en 100 partes.

Un grado (1g) se divide a su vez, en este sistema, en 100 minutos (100m) y estos en 100 segundos (100s) por lo que un grado tiene 10000s.

La circunferencia tiene 400g y el ángulo recto 100g.

Tipos de ángulos

Los ángulos pueden ser:

1. *Llanos*: Si sus lados son dos semirrectas opuestas. Miden 180º. FIG. 14.

2. *Convexos*: Si son menores que un llano, se dividen en:

2a. <u>Recto</u>: Formado por dos rectas perpendiculares, mide 90º.

2b. <u>Agudo</u>: Si es menor que un ángulo recto.

2c. <u>Obtuso</u>: Si es menor que un llano y mayor que un ángulo recto. FIG. 15.

94

3. Cóncavos: Si son mayores que un ángulo llano. FIG. 16.

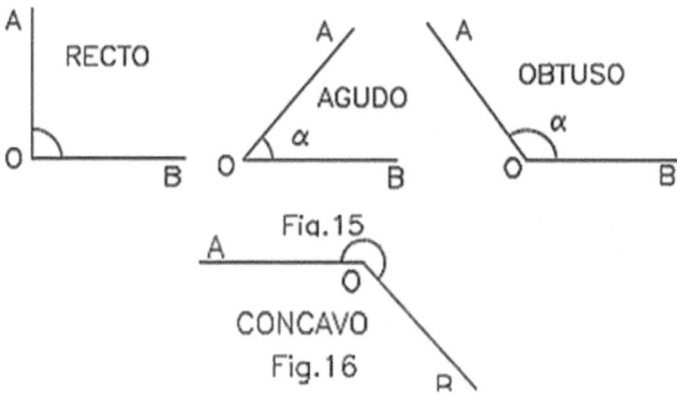

Fig.15

CONCAVO

Fig.16

Relaciones entre ángulos

Según la relación existente entre los ángulos, se pueden establecer los siguientes tipos de ángulos:

A. En función de la suma de ángulos.

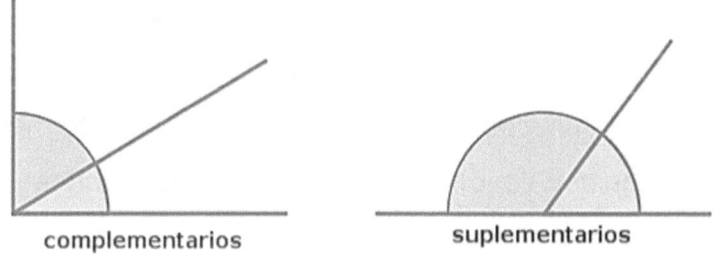

complementarios   suplementarios

95

A1.   *Complementarios*:   Dos   ángulos   son complementarios entre sí cuando entre los dos suman 90° o forman un ángulo recto.

A2. *Suplementarios*: Dos ángulos son suplementarios entre sí cuando entre los dos suman 180° o forman un ángulo llano.

B. *En función de la posición de sus lados.*

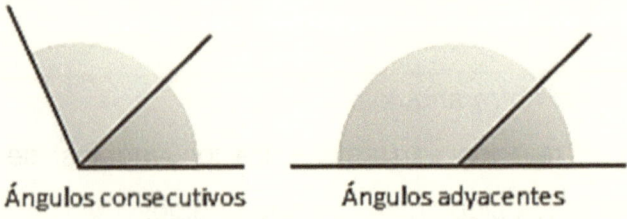

Ángulos consecutivos   Ángulos adyacentes

B1. *Consecutivos*: Dos ángulos son consecutivos cuando tienen un lado común.

B2. *Adyacentes*: Dos ángulos son adyacentes cuando son consecutivos y sus lados no comunes forman un ángulo   llano.   Son   adyacentes   todos   los suplementarios.

C. *Ángulos opuestos por el vértice:*

Formados por dos rectas al cortarse, son iguales dos a dos. FIG. 19.

96

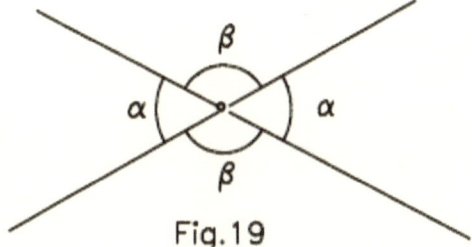

Fig.19

Construcciones

1. Construcción de un ángulo igual a otro:

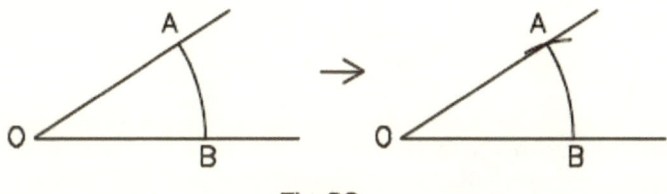

Fig.20

Trazamos un arco de radio arbitrario y centro en el vértice O, obtenemos A y B. Colocamos donde queramos transportar el ángulo una de las dos semirrectas, por ejemplo la OB y trazamos un arco de centro O y radio OB, sobre el arco y desde B trasladamos la distancia AB obteniendo A que uniremos con O. FIG.20.

2. Suma de ángulos:

Dados dos ángulos, trazamos arcos de igual radio en ambos y construimos uno sobre otro según hemos visto. FIG. 21.

3. Diferencia de ángulos. FIG. 22.

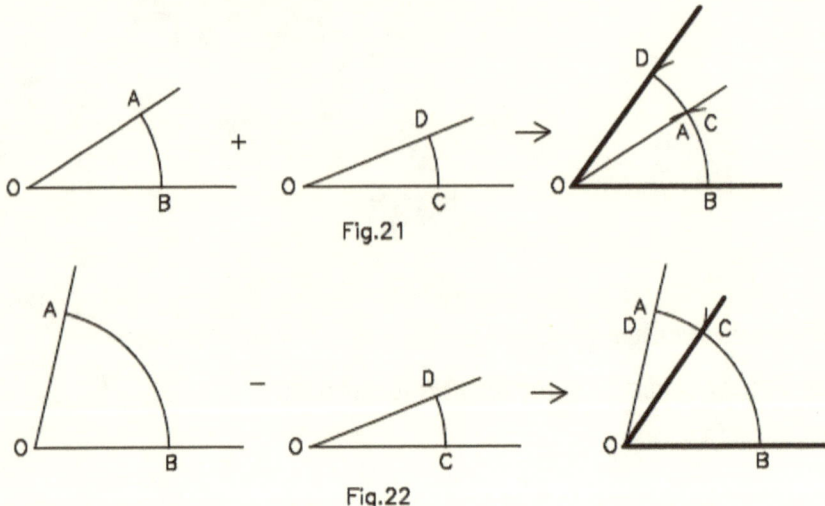

Fig.21

Fiq.22

Bisectriz

Bisectriz de un ángulo

Es la recta que divide al ángulo en dos mitades o el lugar geométrico de los puntos que equidistan de los lados del ángulo.

Construcciones:

1er método: Trazamos un arco con centro en el vértice del ángulo y obtenemos A y B, calculando la mediatriz del segmento AB obtenemos la bisectriz buscada. FIG. 23.

2º método: Trazamos dos arcos de diferente radio y centro en el vértice del ángulo dado (concéntricos), obtenemos AB y CD. Unimos A con D y B con C, cortándose AD y BC en P, unimos P con O y obtenemos la bisectriz buscada. FIG. 24. P equidista de los lados del ángulo pues los segmentos AD y BC se cortan formando dos triángulos iguales (APC y BPD).

3º. Trazado de la bisectriz de un ángulo de vértice desconocido: Trazamos paralelas r y s a los lados del ángulo hacia adentro y a igual distancia, la bisectriz de r y s de vértice conocido es la misma que la del ángulo dado. FIG. 25.

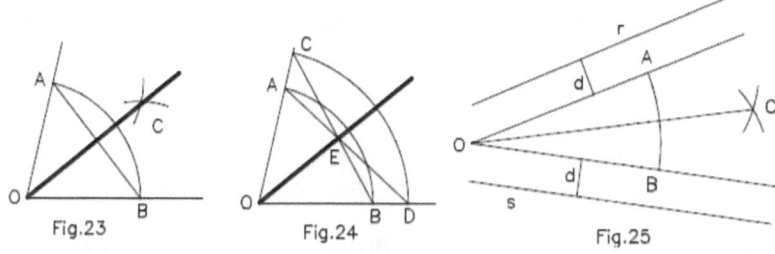

Fig.23   Fig.24   Fig.25

4º. Bisectriz de un ángulo mixtilíneo:

Un ángulo mixtilíneo es el formado entre un arco y una semirrecta. Para calcular su bisectriz, trazamos primero varios arcos concéntricos y a igual distancia del arco dado trazando posteriormente rectas paralelas a la semirrecta del

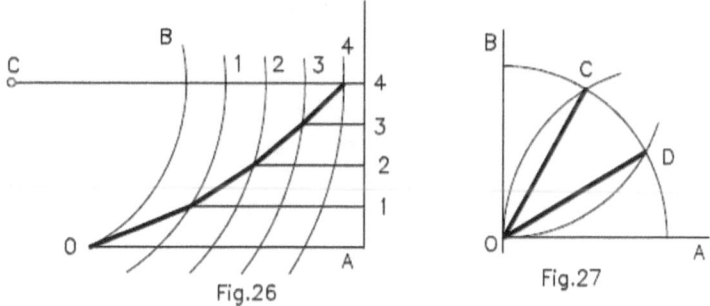

Fig.26   Fig.27

99

ángulo con distancias entre ellas iguales a las tomadas para los arcos. Se localizan los puntos de intersección de los arcos concéntricos y rectas paralelas correspondientes (el primer arco concéntrico con la primera recta paralela a la semirrecta y así sucesivamente), obteniendo la bisectriz que es una curva equidistante al arco y semirrecta originales simultáneamente. FIG.26.

División de ángulos

1. División del ángulo en un número par de partes iguales.
Se trazan sucesivas bisectrices.

2. División del ángulo recto en tres partes iguales.
Con centro en el vértice O del ángulo dado, se traza un arco de radio arbitrario obteniendo A y B. Con centro en A y B trazamos dos arcos de igual radio, obteniendo sobre el primero los puntos C y D que unidos con O dividen en tres partes al ángulo[6]. FIG. 27.

3. División de un ángulo cualquiera en tres partes iguales.

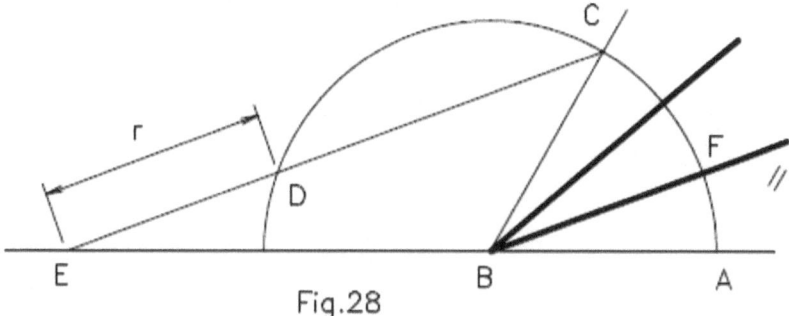

Fig.28

Este problema no tiene solución geométrica exacta, podemos resolverlo de un modo aproximado de la siguiente forma.

Por el vértice B del ángulo dado trazamos un arco de radio r arbitrario que determina A y C en los lados del ángulo y N en la prolongación del lado BA. Situamos una recta pasando por C que corte a D en el arco y a E en la recta BA de tal forma que la distancia DE sea igual al radio del arco trazado r.

---

[6]AOC y BOD son triángulos equiláteros y por tanto sus ángulos de 60°. Restados al triángulo BOA nos quedan los ángulos BOC de 30° y DOA de 30° también, el restante, COD es por tanto de 30° también.

101

La paralela a la recta CE, trazada por B, define en el arco el punto F y este la tercera parte aproximada del ángulo, trazamos la bisectriz de CBF y quedará dividido en tres partes. FIG. 28.

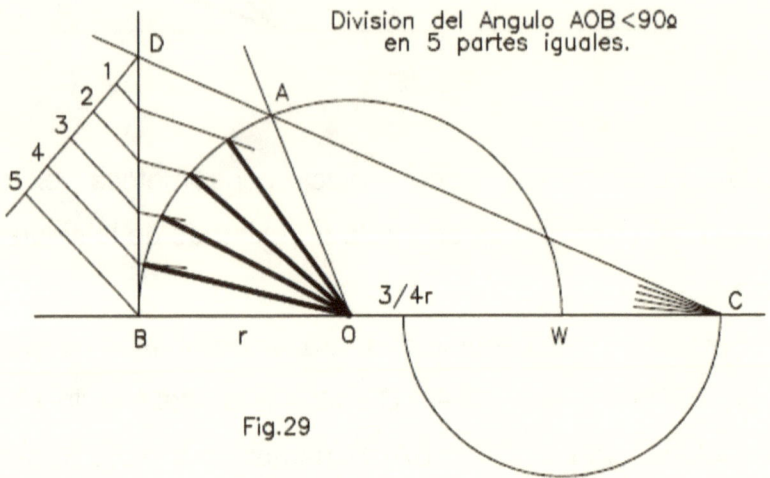

Fig.29

4. División de un ángulo en un número cualquiera de partes iguales.

Para dividir el ángulo en un número de partes iguales n, con centro en el vértice trazamos un arco de radio arbitrario y dividimos su rectificación (segmento recto de longitud igual a la del arco dado) en el mismo número de partes.

Dado el ángulo de vértice O, trazamos el arco y obtenemos A y B, lo rectificamos llevando sobre la semirrecta opuesta a BO y a partir de W, punto de corte de la prolongación del arco con dicha semirrecta, ¾ partes del radio del arco, obteniendo C. Unimos C con A y prolongamos hasta cortar en D a la perpendicular trazada por B al segmento OB. El segmento BD es la rectificación del arco[7].

Dividimos BD en n partes iguales (ej.: 5) que unimos con C obteniendo las divisiones del arco y por tanto del ángulo. FIG. 29.

Rectificación del arco

Para poder dividir cualquier ángulo en un número cualquiera de partes iguales, es preciso saber rectificar arcos, se emplean diversos métodos en función del ángulo del arco dado:

1. Para ángulos iguales o menores de 90º.

Es el método visto en la FIG. 29.

2. Rectificación de la circunferencia completa.

Sabemos que la longitud de la circunferencia de radio r es L = $2\pi r$, π = 3.14 y 2r = diámetro, luego L = 3.14D = 3D + 0.14D = 3D + D/7 pues 0.14 = 1/7, para rectificarla colocaremos sobre una recta tres veces + 1/7 su diámetro. FIG. 30.

---

[7]*El método de rectificación visto, es válido para ángulos iguales o menores de 90º.*

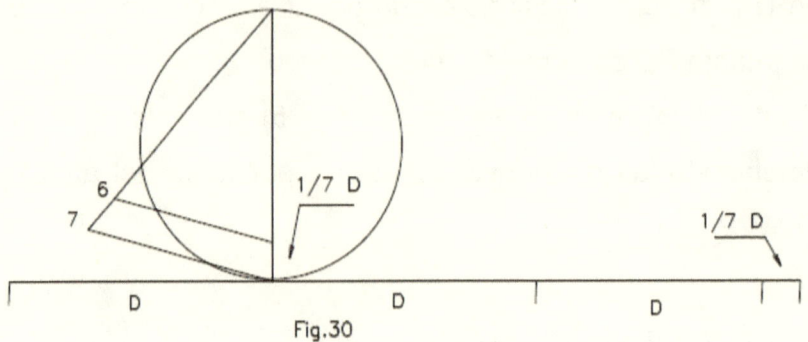

Fig.30

3. Rectificación de ángulos mayores de 90° y menores de 180°: Dividimos en dos partes el ángulo y rectificamos una de ellas que multiplicada por dos será la rectificación del arco dado. FIG. 31.

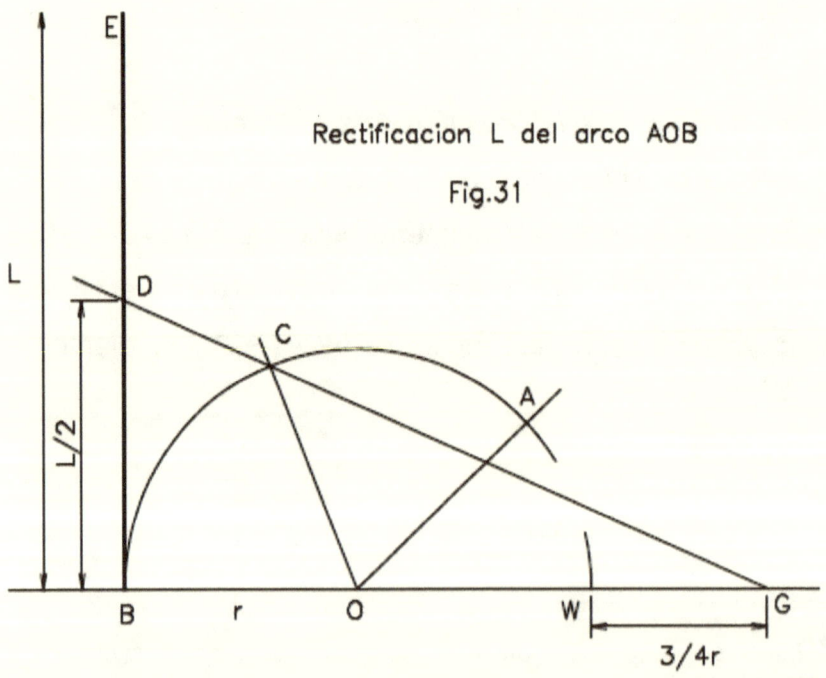

Rectificacion L del arco AOB

Fig.31

Para dividir un ángulo α dividimos primero la mitad rectificada en la mitad de las partes exigidas (su arco α/2) y trasladamos sobre el arco dado dicha división. Si el número de partes es impar, dividimos en ese número de partes la mitad rectificada y su arco y las vamos trasladando al arco dado de dos en dos.

4. Rectificación de ángulos mayores de 180°:

Dado el ángulo obtuso α, calculamos la rectificación del ángulo β diferencia entre α y el de la circunferencia completa (360°), la rectificación de α es la diferencia de las dos rectificaciones calculadas. FIG. 32.

5. Rectificación inversa.

La rectificación inversa consiste en situar sobre una circunferencia definida, la longitud de un segmento dado y comprobar que ángulo queda así abarcado. Dado el segmento AB lo rectificaremos sobre la circunferencia dada de radio r. Para ello trazaremos una semirrecta normal al segmento dado por uno de sus extremos llevando sobre esta y a partir de su origen la magnitud del radio dado. Obtenemos de este modo el punto O, centro de la circunferencia dada que trazamos. La circunferencia corta a la semirrecta en el punto E desde donde trasladamos sobre la mencionada semirrecta ¾ partes del radio de la circunferencia y obtenemos el punto C.

Unimos C con el extremo libre del segmento y obtenemos como consecuencia de la intersección de este segmento con la circunferencia el punto W. Si el punto Y está situado dentro del cuadrante de la circunferencia más cercano al segmento AB dado, el arco AY es la rectificación inversa buscada pero si corta fuera de este cuadrante, como sucede en la ilustración, el método empleado no es válido por lo que tendremos que realizar la misma operación desde la mitad del segmento AB. Obtendremos de este modo otro punto de intersección, en el ejemplo el punto W, quedando definida la rectificación inversa por el arco AY, doble del AW obtenido y que abarca al ángulo AOY. Si, por lo dicho, el punto W no resultase válido, dividiríamos el segmento AB en más partes, multiplicando por ese mismo número de partes la magnitud del arco que obtengamos. Fig. 33.

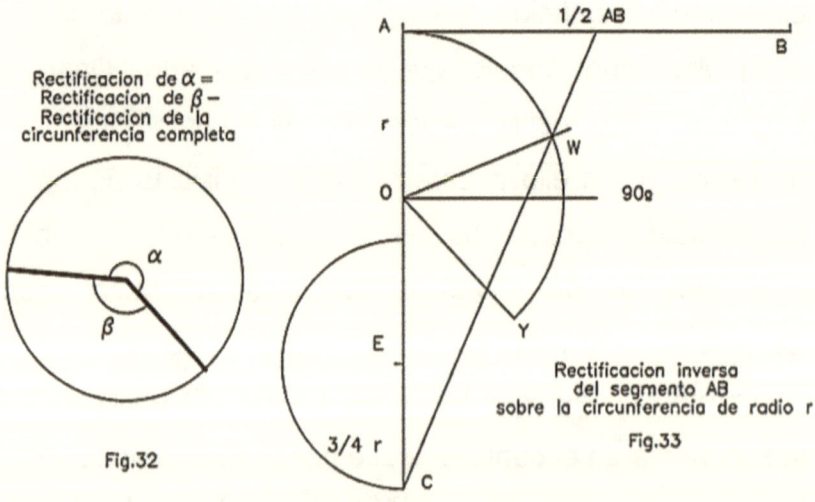

Rectificacion de α =
Rectificacion de β –
Rectificacion de la
circunferencia completa

Fig.32

1/2 AB

90º

Rectificacion inversa
del segmento AB
sobre la circunferencia de radio r

Fig.33

3/4 r

Ángulos de la circunferencia. Arco capaz

Se pueden sistematizar varios tipos de ángulos en base a la posición relativa que éstos adopten respecto de una circunferencia:

Tipos de ángulos de la circunferencia

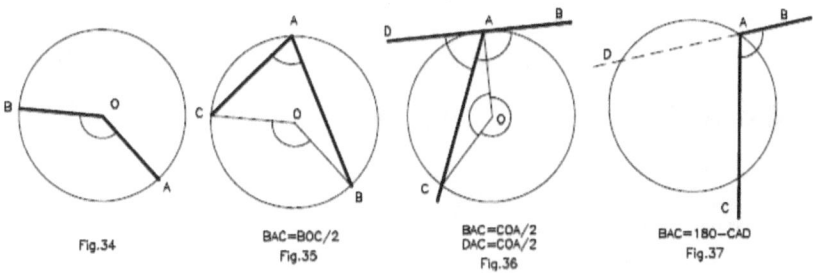

Fig.34

BAC=BOC/2
Fig.35

BAC=COA/2
DAC=COA/2
Fig.36

BAC=180−CAD
Fig.37

Central

Este ángulo tiene su vértice en el centro de la circunferencia, su medida es la del arco de circunferencia que sus lados abarcan. AOB. FIG. 34.

Periféricos

Son los que tienen su vértice en la circunferencia, se pueden distinguir:

Inscrito

Vértice A en la circunferencia y ambos lados secantes a la misma, BAC. Su valor es igual a la mitad del central comprendido entre sus lados BOC. (BAC = BOC/2). FIG. 35.

Seminscrito

Vértice A en la circunferencia, un lado secante y el otro tangente, BAC. Su valor es igual a la mitad del arco de circunferencia comprendido entre sus lados[8] (central AOC). (BAC = AOC/2). FIG. 36.

Exinscrito

Vértice A en la circunferencia y formado por una cuerda y la prolongación de la otra, BAC. (Ambos lados secantes, uno interior o inscrito y el otro exterior). Su valor es 180° menos el valor del inscrito CAD. (BAC = 180°-CAD). FIG. 37.

Interior

Vértice A en el interior de la circunferencia y lados secantes BAC. Su valor es la semisuma de los ángulos centrales comprendidos entre sus lados, BOC y DAE. (BAC = BOC/ 2 + DOE/2). FIG. 38

Exterior

Vértice A fuera de la circunferencia, lados secantes, CAE.

---

[8]*Existe cierta indeterminación, se resolverá del siguiente modo:*
Entenderemos como CENTRAL a dividir por 2, el que sea menor de 180° cuando trabajemos con el seminscrito menor de 90°.
Tomaremos el central mayor de 180° cuando consideremos el seminscrito mayor de 90°.

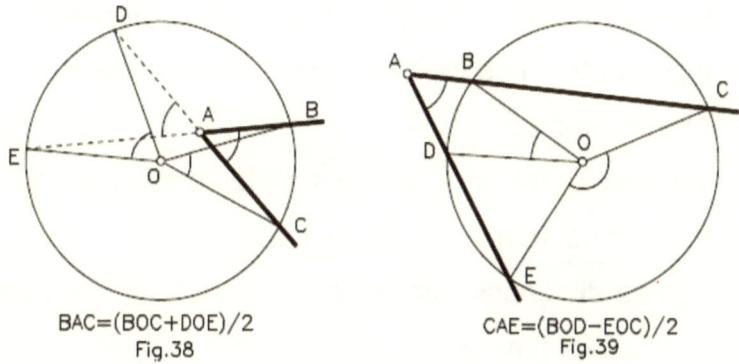

BAC=(BOC+DOE)/2
Fig.38

CAE=(BOD−EOC)/2
Fig.39

Su valor es la semidiferencia de los centrales comprendidos entre sus lados, BOD y ECO. (CAE = BOD/2-ECO/2). FIG. 39.

Aplicaciones

La aplicación más extendida de los ángulos de la circunferencia es el arco capaz:

Arco capaz

Arco capaz de un ángulo dado respecto de un segmento conocido, es el lugar geométrico de las posiciones del vértice del ángulo para que en cualquier momento quede el segmento suspendido entre sus lados.

Por ejemplo, dibujemos el arco capaz de 60° para un segmento dado AB.

Dibujamos el segmento dado y en un extremo, extremo A por ejemplo, dibujamos una semirrecta que forme con el segmento el ángulo dado (60° en el ejemplo).

El arco capaz contiene siempre a los extremos del segmento dado y por tanto su centro debe estar sobre la mediatriz de AB, trazamos la mediatriz del segmento y una perpendicular a la semirrecta trazada. El centro del arco está, como comprobaremos, donde ambas se corten.

Los ángulos dibujados con su vértice en el arco capaz y cuyos lados pasen por A y B, medirán 60°. FIG. 40.

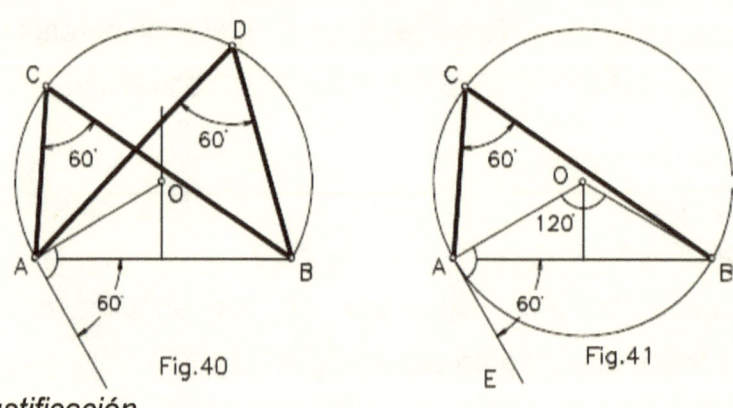

Fig.40   Fig.41

Justificación

El arco capaz surge de la relación entre un ángulo seminscrito <180°, un ángulo inscrito y el central de dicho arco. El ángulo trazado en el extremo del segmento AB (de 60° en el ejemplo) es un ángulo seminscrito (BAE) tangente uno de sus lados a la circunferencia en A y el otro secante. Su valor es la mitad del central comprendido entre sus lados AOB (120°) como vimos. El lado secante es el segmento dado AB en el ejemplo. Por otra parte, un ángulo inscrito ACB (con su vértice en la circunferencia y de lados secantes), mide la mitad que el central comprendido entre

110

sus lados, de modo que todos los ángulos de vértice en el arco capaz y cuyos lados contengan a los puntos A y B (extremos del central que nos ocupa y del segmento dado), miden la mitad de dicho central (120/2 = 60º) y por tanto lo mismo que el seminscrito dado. El centro del arco capaz queda localizado pues sabemos que debe estar en la mediatriz del segmento para que contenga a los puntos A y B a un tiempo por un lado, y sobre la recta perpendicular a la semirrecta AE, tangente a la circunferencia en el punto A y por tanto es perpendicular al radio de la misma en ese punto. Donde éste radio y la mediatriz se corten estará el centro del arco capaz. FIG.41.

3. POTENCIA. EJE Y CENTRO RADICAL

Potencia

Potencia de un punto P respecto de una circunferencia dada: Las rectas tangentes o secantes trazadas a una circunferencia desde un punto P exterior, quedan interceptadas por la circunferencia según segmentos en los que siempre se verifica que:

$$PA \times PB = PC \times PD = PT \times PT = PT2 = cte.$$

A este producto constante se le denomina POTENCIA del punto P respecto a la circunferencia. Cuando el punto es interior la potencia es negativa. FIG. 42.

Eje radical

Se llama eje radical al lugar geométrico de los puntos del plano que tienen igual potencia respecto a dos circunferencias. (Cada punto tendrá diferente potencia que el contiguo pero igual respecto a las dos circunferencias)

El eje radical es siempre perpendicular al segmento que une los centros de las circunferencias.

Eje radical de dos circunferencias secantes

Los puntos comunes X e Y de las dos circunferencias secantes tienen igual potencia respecto a las mismas, por tratarse de puntos comunes, luego pertenecen al eje radical. Uniendo X e Y obtenemos dicho eje, eje que es efectivamente perpendicular al segmento O_1O_2. FIG. 43.

La potencia de X e Y respecto de las circunferencias es 0. Podemos comprobar como desde un punto P del eje radical se cumple:

$$PA \times PB = PC \times PD.$$

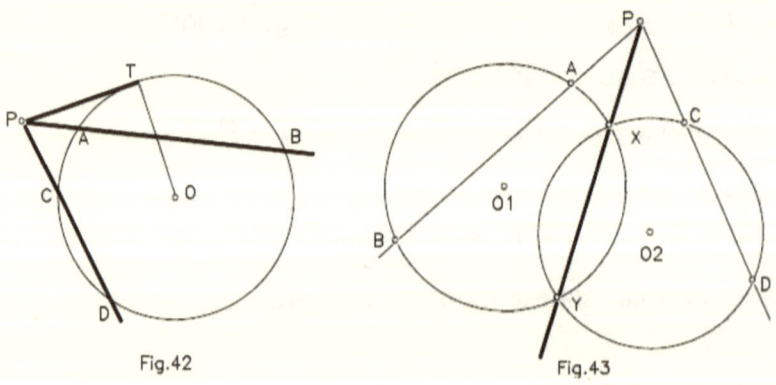

Fig.42   Fig.43

Eje radical de dos circunferencias tangentes

La tangente común es el eje radical de las dos circunferencias, como vemos, perpendicular a O_1O_2. FIG. 44.

Eje radical de dos circunferencias exteriores

Para calcularlo trazamos una circunferencia auxiliar O_3 que corte a ambas. Los ejes radicales de cada una de las circunferencias dadas con la auxiliar se cortan en X, el cual pertenece al eje radical de las dos circunferencias dadas O_1O_2 desde donde trazamos una perpendicular al segmento O_1O_2. FIG. 45.

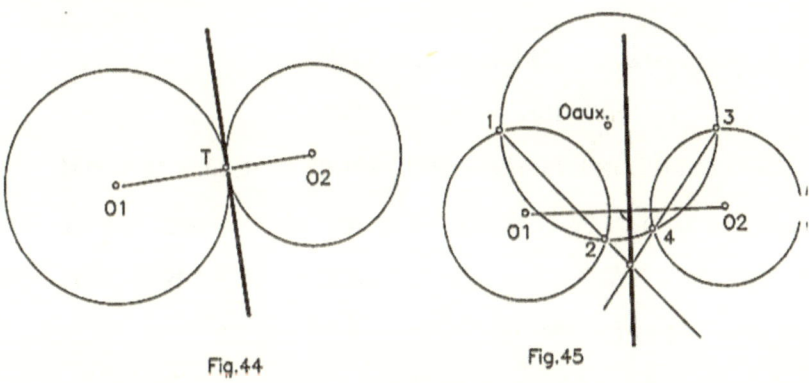

Fig.44   Fig.45

Centro radical de tres circunferencias dadas

Se llama centro radical de tres circunferencias dadas al punto de intersección de sus ejes radicales. Basta para obtenerlo trazar dos de los ejes radicales de las tres circunferencias que se obtienen según los métodos descritos. FIG. 46.

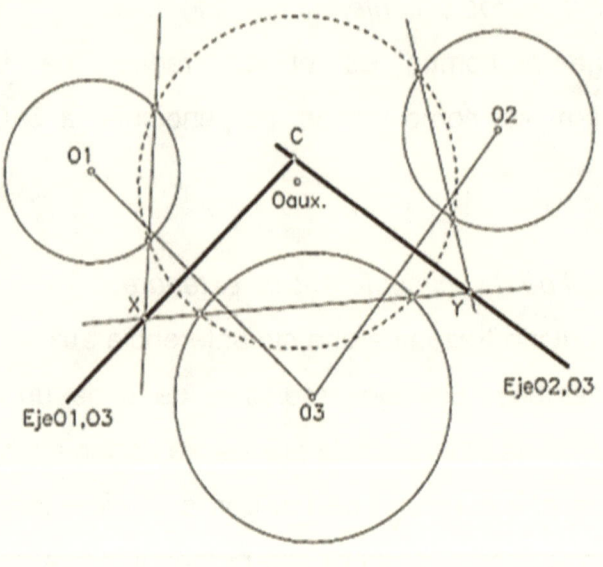

Fig. 46

4. CONSTRUCCIÓN DE POLÍGONOS

Triángulos. Definición y designación

Superficie plana limitada por tres rectas que se cortan dos a dos. Los puntos de intersección de estas rectas se denominan vértices y se designan en mayúscula, los segmentos entre vértices lados y se designan en minúscula, igual al vértice opuesto. Fig.5.

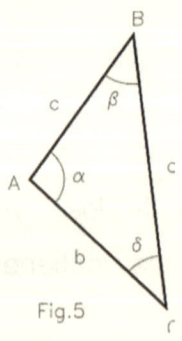

Fig.5

114

Son polígonos convexos con sus diagonales coincidiendo con los lados.

Propiedades fundamentales

- Un lado es menor que la suma de los otros dos y mayor que su diferencia. b-c<a<b+c.
- Si tiene dos lados iguales, sus ángulos opuestos también son iguales. Si a=b, a=b.
- A mayor lado se opone siempre mayor ángulo.
- La suma de los ángulos de cada vértice es siempre igual a 180°.

Clasificación de los triángulos

Según los lados:

<u>Equilátero</u>. Si tiene sus tres lados iguales (a=b=c). Fig. 6.

<u>Isósceles</u>. Si tiene dos lados iguales (c=b). Fig.7

<u>Escaleno</u>. Ningún lado igual a otro. Fig.8

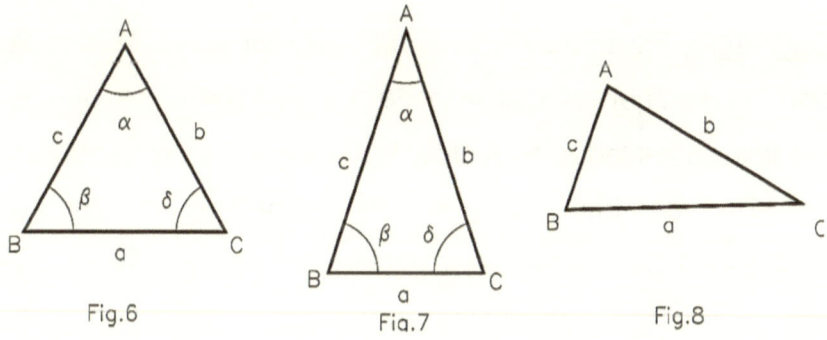

Fig.6   Fig.7   Fig.8

Según los ángulos:

Acutángulo. Los tres ángulos son agudos. Fig.9

Rectángulo. Si tiene un ángulo recto. Fig.10

Obtusángulo. Si tiene un ángulo obtuso. Fig.11.

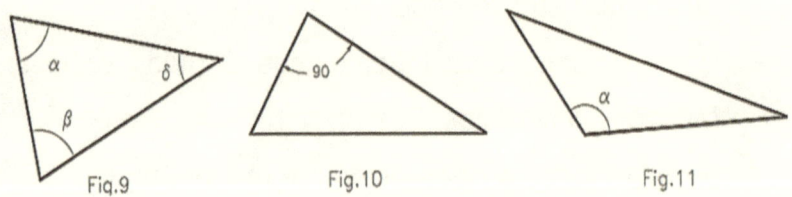

Fig.9   Fig.10   Fig.11

Rectas notables y centros del triángulo

Ortocentro. Punto donde se cortan sus alturas. Altura es la perpendicular de un vértice a su lado opuesto. Fig.12.

Circuncentro. Punto donde se cortan las mediatrices de los lados. Es centro de la circunferencia circunscrita del triángulo (contiene a sus vértices). Fig.13.

Baricentro. Punto donde se cortan las medianas. Medianas son los segmentos que van de los vértices a los puntos medios de los lados opuestos. El baricentro es el centro de gravedad del triángulo y se encuentra respecto de los vértices a 2/3 de la mediana correspondiente. Fig.14.

Incentro. Punto donde se cortan las bisectrices de los ángulos del triángulo. Es centro de la circunferencia inscrita en el triángulo (tangente a sus lados). Fig.15.

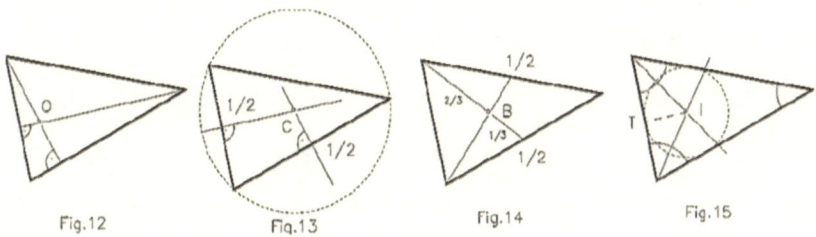

Fig.12   Fig.13   Fig.14   Fig.15

Triángulos notables

Triángulo órtico. Triángulo Órtico de un triángulo dado es el que tiene como vértices los pies de las alturas del triángulo dado. Fig.16.

Triángulo complementario. Triángulo Complementario de un triángulo dado es el que tiene como vértices los puntos medios de los lados del triángulo dado. Fig.17.

Triángulo podar. Triángulo Podar de un triángulo dado es el que tiene como vértices los pies de las perpendiculares trazadas a los lados del triángulo desde un punto P definido. Fig.18.

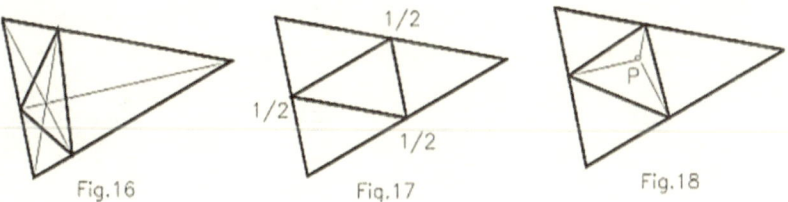

Fig.16   Fig.17   Fig.18

117

Construcción de triángulos

El número de datos necesario para poder construir cualquier polígono es 2n-3, siendo n el número de lados del polígono. En el caso de los triángulos, el número de datos preciso es por tanto 3. A veces los datos no se dan directamente sino que van implícitos en la propia definición del triángulo o polígono a resolver, por ejemplo triángulo equilátero dato lado, lleva implícitos los tres lados y tres ángulos por lo que tenemos datos de sobra. Son innumerables los ejercicios que pueden plantearse de construcción de polígonos y triángulos, resolveremos aquí algunos a modo de ejemplo.

1. Conociendo los tres lados.

Tomamos uno como base y hacemos centro en sus extremos con radios iguales a los otros dos lados, describiendo arcos que son los lugares geométricos de los extremos, donde se corten tenemos el vértice buscado. Fig. 19.

2. Conociendo dos lados y el ángulo comprendido. Fig.20.

3. Conocidos dos ángulos y el lado comprendido. Fig.21.

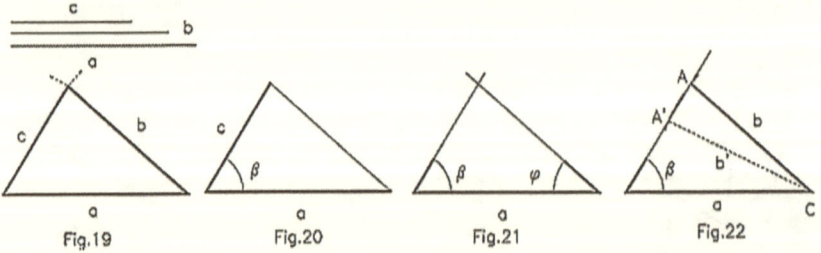

Fig.19   Fig.20   Fig.21   Fig.22

4. Dados dos lados y el ángulo opuesto a uno de ellos.

Se dibuja el ángulo y lado contiguos b y -a-, con centro en el extremo opuesto C, trazamos un arco de radio igual al segundo lado conocido -b-. El ejercicio puede tener 2 soluciones (vértices A y A') si el lado -b- es mayor que la altura de C, 1 si son iguales y no tener solución si es menor. Fig.22.

5. Dados dos ángulos y un lado opuesto a uno de ellos.

Se traza el arco capaz del ángulo opuesto a. Fig.23.

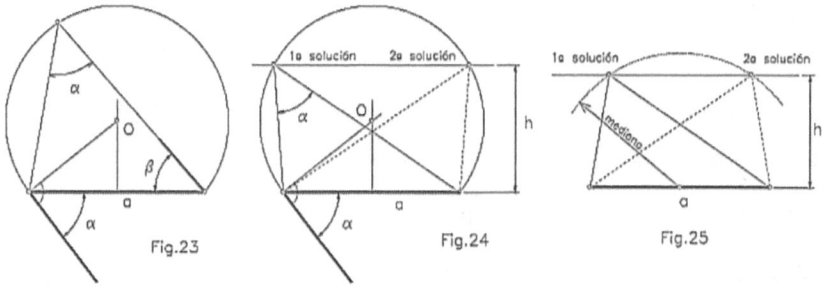

Fig.23   Fig.24   Fig.25

6. Dados un lado, el ángulo opuesto y la altura correspondiente entre este lado y ángulo.

Se dibuja el lado -a-, se le traza el arco capaz de a y una paralela a distancia la altura dada -h-. Donde esta paralela y el arco se corten tenemos el vértice buscado. Dos soluciones si la altura es secante respecto al arco, una si es tangente y ninguna si es exterior. Fig.24.

7. Dados un lado, y su altura y mediana correspondientes.

Dibujamos el lado -a- y una paralela a este a la altura dada -h-. Con centro en su punto medio trazamos un arco de radio igual a la mediana dada. Donde ambos lugares geométricos se corten tenemos el vértice buscado. Dos soluciones, una o ninguna según sea la paralela de la altura secante, tangente o exterior al arco de la mediana respectivamente. Fig.25.

8. Construir un triángulo rectángulo dada la hipotenusa y la suma de los catetos.

Dibujamos el segmento dado como suma de catetos (b+c) y trazamos, por uno de sus extremos D, una semirrecta que forme con él 45°. En su otro extremo C hacemos centro para trazar un arco de radio igual a la magnitud conocida de la hipotenusa -a-. Donde la semirrecta y el arco se corten tenemos el vértice B (o B') del triángulo buscado. Desde el trazamos una recta perpendicular al segmento DC obteniendo el vértice A y, por tanto, el cateto menor -c- y la longitud del cateto mayor -a-. Fig. 26.

De tomar el punto de intersección B', la solución será simétrica a la obtenida. Obsérvese que el triángulo ABD es

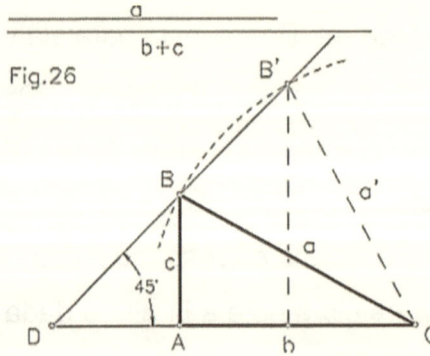

Fig.26

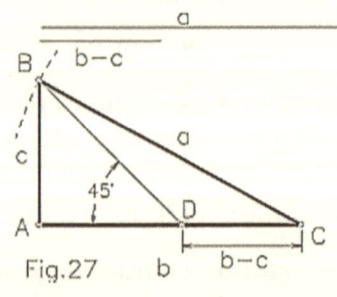

Fig.27

isósceles y rectángulo por lo que los segmentos AD y BA tienen igual longitud.

9. Construir un triángulo rectángulo dada la hipotenusa y la diferencia de catetos.

Se resuelve de igual modo que el ejercicio anterior. Fig.27.

Cuadriláteros

Se llama cuadrilátero a toda figura poligonal cerrada compuesta por cuatro lados. Los puntos de intersección de los lados se denominan vértices y se designan con letra mayúscula e igual a la del lado contiguo, en minúscula. Los segmentos que unen dos vértices opuestos se denominan diagonales, un cuadrilátero solo tiene dos diagonales, cada una divide al cuadrilátero en dos triángulos.

La suma de los ángulos de un cuadrilátero es de 360º.

Fig.28.

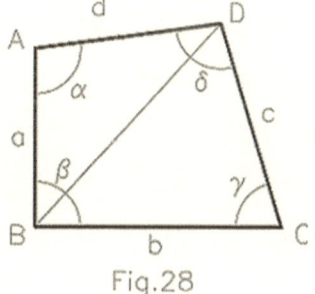

Fig.28

Clasificación

Paralelogramos

Tienen sus lados opuestos paralelos, sus ángulos opuestos son iguales y las diagonales se cortan en su punto medio.

Rectángulos. Sus lados opuestos son iguales, desiguales los contiguos y todos sus ángulos rectos. Fig.29.

Rombos. Sus cuatro lados son iguales. Sus ángulos opuestos iguales, desiguales los contiguos. Fig.30.

Cuadrados. Los cuatro lados iguales y sus ángulos rectos. Fig.31.

Romboides. Sus lados opuestos son iguales, desiguales los contiguos. Sus ángulos opuestos iguales, desiguales los contiguos. Fig.32.

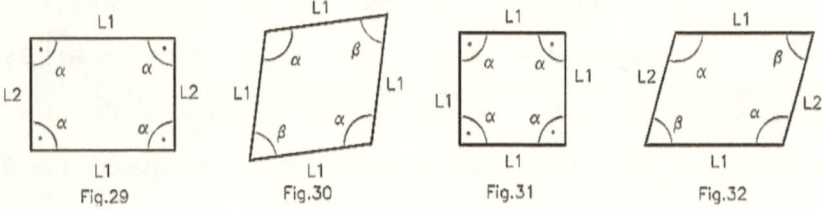

Fig.29   Fig.30   Fig.31   Fig.32

Trapecios

Tienen dos lados paralelos que se denominan bases, siendo la altura la distancia entre ambas. Se denomina paralela media al segmento que une los puntos medios de los lados no paralelos. Fig.33.

Rectángulo. Tiene dos ángulos rectos. Fig.34.

Isósceles. Los dos lados no paralelos son iguales. Fig.35.

Escaleno. Sus lados presentan magnitudes escalonadas. Fig.36.

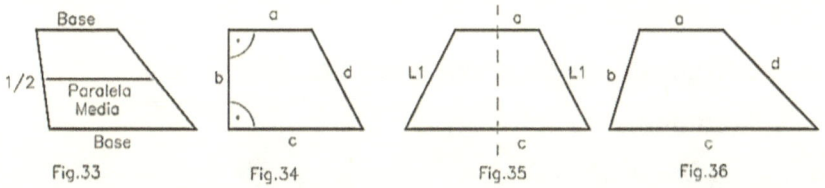

Fig.33 Fig.34 Fig.35 Fig.36

Trapezoides

No tienen ningún par de lados paralelos.

Biisósceles. Los lados contiguos son iguales dos a dos. Los ángulos opuestos son iguales. Fig.37.

Escaleno. Sus lados presentan magnitudes escalonadas. Fig.38.

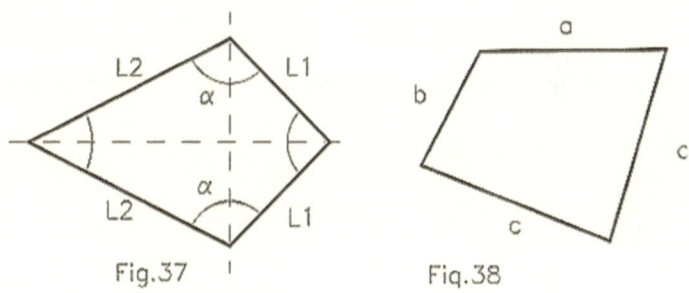

Fig.37 Fiq.38

Construcción de cuadriláteros

El número de datos necesarios para poder resolver la construcción de polígonos es de 2n -3, en los cuadriláteros será de 5.

Atendiendo a sus diagonales, pueden descomponerse en triángulos y resolverse desde la resolución previa de estos triángulos.

Paralelogramos

1. Construcción del cuadrado conociendo:

A. El lado. Fig. 39.

B. La diagonal. Mediante arco capaz de 90°. Fig. 40.

C. El radio de la circunferencia circunscrita. La diagonal es igual al diámetro de la circunferencia circunscrita. Fig.41.

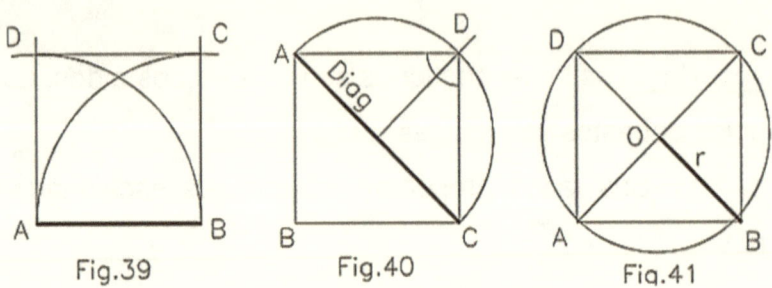

Fig.39   Fig.40   Fig.41

2. Construcción del paralelogramo rectángulo conociendo la diagonal y un lado.

Fig.42.

3. Construcción del rombo conociendo un lado y el ángulo contiguo.

Fig.43.

4. Construcción del romboide conociendo un lado, el ángulo contiguo y una diagonal.

Fig.44.

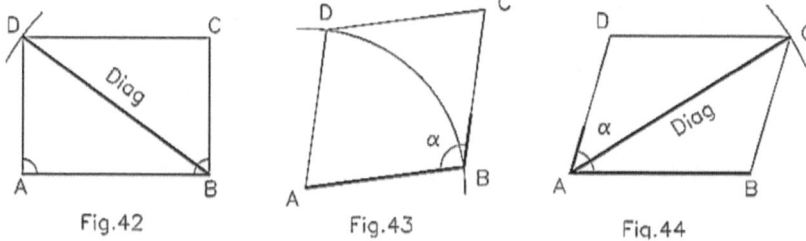

Fig.42   Fig.43   Fig.44

Trapecios

1. Construcción del trapecio rectángulo, conociendo la base mayor, el lado oblicuo y el ángulo comprendido entre ambos. Fig.45.

2. Construcción del trapecio isósceles conociendo las bases y la altura.

Fig.46.

3. Construcción del trapecio escaleno conociendo sus cuatro lados. Fig.47.

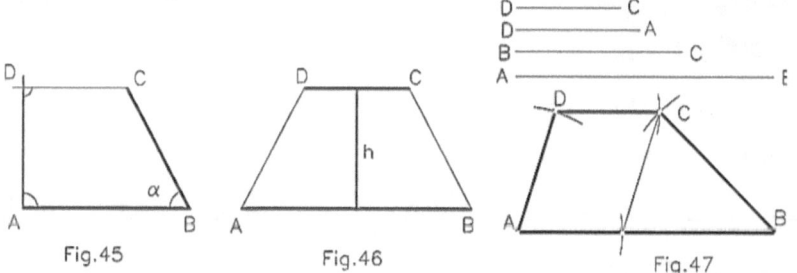

Fig.45   Fig.46   Fig.47

Trapezoides

1. Construcción del trapezoide biisósceles conociendo los lados desiguales y el ángulo comprendido.

Fig.48.

2. Construcción del trapezoide escaleno conociendo sus cuatro lados y la altura sobre uno de ellos. AB, base, h sobre AB.

Fig.49.

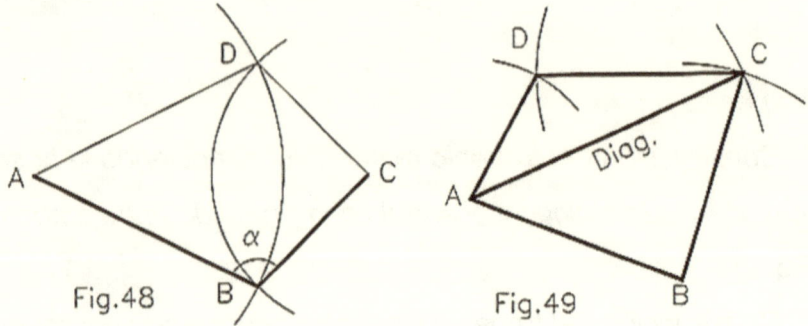

Fig.48   Fig.49

Polígonos regulares. Elementos

<u>Circunferencia circunscrita</u>. Circunferencia que pasa por los vértices del polígono.

<u>Circunferencia inscrita</u>. Circunferencia tangente a los lados del polígono.

Centro: El centro de las dos circunferencias antedichas es a su vez, centro del polígono.

Radio: Distancia del centro a un vértice, radio de la circunferencia circunscrita.

Apotema. Radio de la circunferencia inscrita del polígono o perpendicular del centro a un lado del polígono.

Perímetro. Suma de las longitudes de los lados.

Lado: Une dos vértices consecutivos. Su mediatriz pasa por el centro del polígono.

Diagonal. Une dos vértices no consecutivos, su mediatriz pasa por el centro del polígono. Fig. 50.

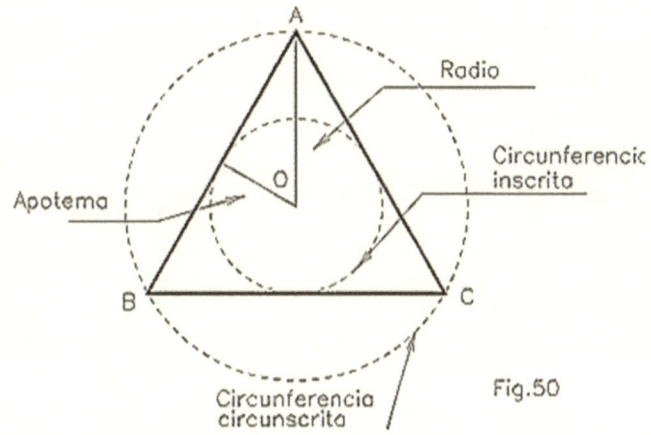

Radio

Circunferencic inscrita

Apotema

B   C

Circunferencia circunscrita

Fig.50

Construcción de polígonos regulares

1. Polígonos que admiten representación exacta.

A. Conociendo el radio.

3, 6, 12 LADOS. Fig.51.

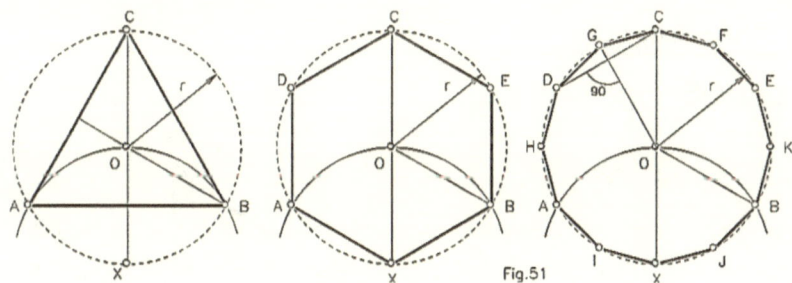

Fig.51

4, 8, 16 LADOS. Fig.52.

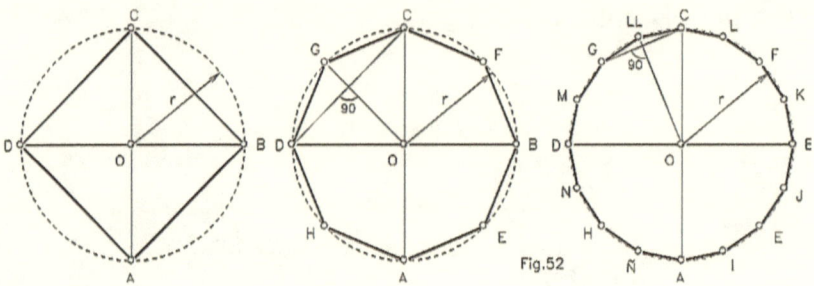

5, 10 LADOS. Fig.53.

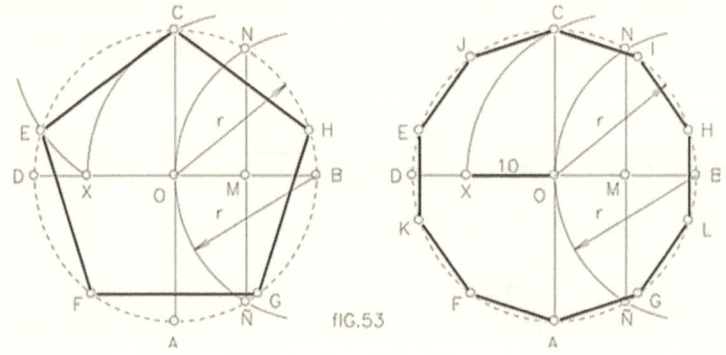

fIG.53

B. Conociendo el lado.

5 LADOS. Figs.54 A y B.

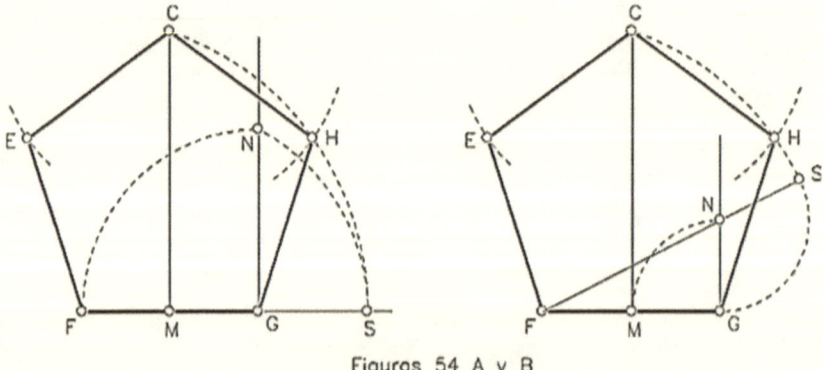

Figuras 54 A y B

128

3, 6, 12 LADOS. Figs.55 A, B y C.

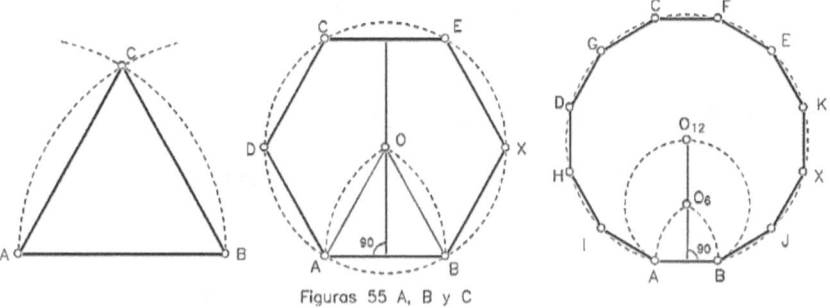

Figuras 55 A, B y C

4, 8, 16 LADOS. Fig.56 A, B y C.

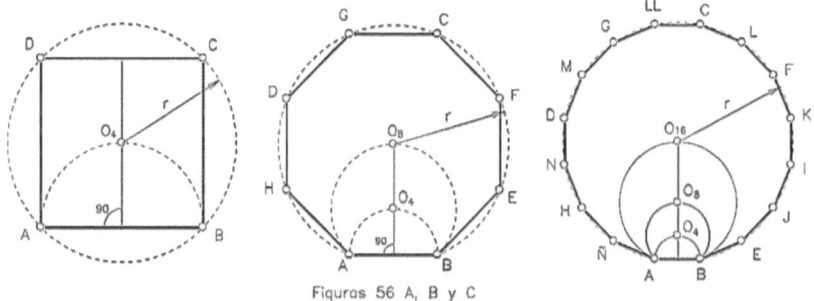

Figuras 56 A, B y C

C. Conociendo la altura.

5 LADOS.

Dibujamos una recta, y le trazamos una perpendicular, a partir de ella llevamos la altura dada h obteniendo así los puntos A y C. Con centro en A y radio A-C trazamos un arco que determina los puntos N y B sobre la recta tomada. Calculamos la mediatriz del segmento N-A y trazamos un arco con centro en su punto medio M y radio M-B hasta cortar en E a la mediatriz. Trazamos el segmento E-N y a este una recta paralela C-F por el punto C. Esta paralela es diagonal del polígono. El segmento F-A tiene de magnitud la mitad del lado buscado del pentágono. Calculamos el simétrico de F respecto de A-C y obtenemos el punto G siendo F-G un lado del pentágono buscado. Conocido el lado A-C y el vértice C podemos construir el polígono. Fig.57.

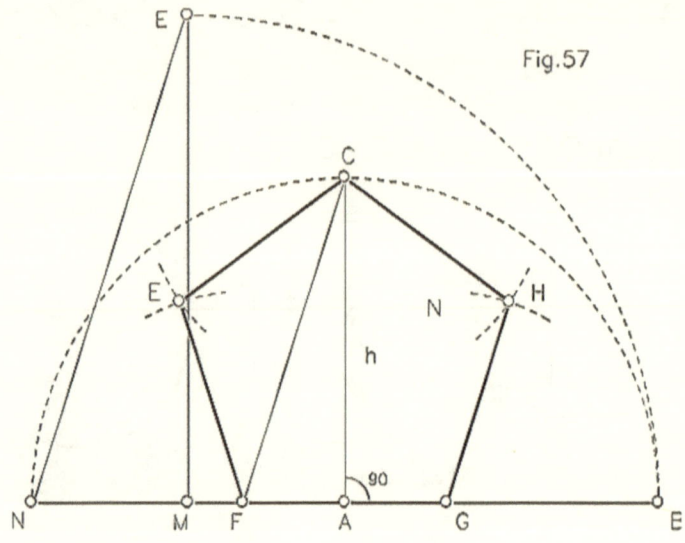

Fig.57

2. Polígonos que no admiten representación exacta.

A. Conociendo el radio r.

7, 14 LADOS. Trazamos un diámetro A-B y en uno de sus extremos un arco de radio R dado, obteniendo la cuerda M-N sobre la circunferencia. La magnitud MN/2 (X-M) es el valor del lado del HEPTÁGONO. Fig.58 A.

9 LADOS. Trazamos dos diámetros perpendiculares entre sí. Con centro en los extremos de uno de ellos (A-B),

trazamos dos arcos de radio R en un mismo sentido, que cortan a la circunferencia en M y N. Con centro en A y B y radios B-M y A-N, trazamos dos arcos que se cortan en Ñ. Con centro en Ñ y radio B-Ñ, trazamos un arco que corta al diámetro D-C en X, el segmento D-X es igual a la magnitud del lado del ENEÁGONO. Fig.58 B.

11 LADOS. Trazamos dos diámetros perpendiculares entre sí, A-B y C-D. Con centro en B y radio R trazamos un arco que corta a la circunferencia en M. Con centro en D y radio R, trazamos otro arco que corta a la circunferencia en N. Con centro en M y radio M-N trazamos un arco que corta al diámetro A-B en Ñ. La distancia N-Ñ es igual a la magnitud del lado del polígono. Fig.58 C.

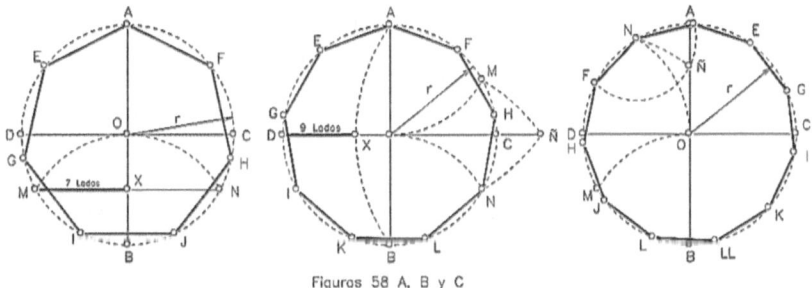

Figuras 58 A, B y C

B. Conociendo el lado. AB

7 LADOS. Prolongamos el segmento dado J-I en cualquier sentido y trazamos un arco de centro en I y radio I-J que corta en S a la prolongación del segmento I-J y en N a su mediatriz. Con centro en S y radio B-N (B=punto medio del

segmento I-J), trazamos un arco que corta al trazado anteriormente en G. I-G es lado del heptágono, su mediatriz cortará a la mediatriz de I-J en el centro de la circunferencia circunscrita que trazaremos para llevar el lado a lo largo de ella. Fig.59 A.

9 LADOS. Trazamos la mediatriz del lado dado K-L. Con centro en K o L y radio K-L trazamos un arco que corta en X a la mediatriz. Con centro en X y el mismo radio trazamos otro arco que corta en Y a la mediatriz. Con centro en Y, y el mismo radio trazamos otro arco que corta en A, a la mediatriz. A-K es diagonal del polígono, su mediatriz determina sobre la mediatriz de I-J el centro O de su circunferencia circunscrita que trazaremos para, sobre ella, llevar 9 veces el lado dado. Fig.59 B.

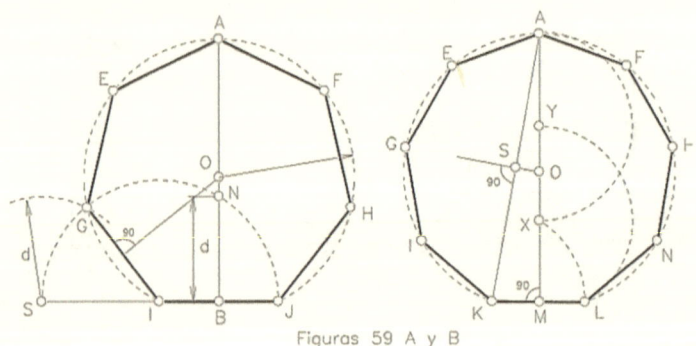

Figuras 59 A y B

3. Métodos generales.

<u>Conociendo el radio r.</u>

Trazamos la circunferencia de radio R y dividimos su diámetro A-B en un número de partes igual al número de

132

lados que tenga el polígono que queramos dibujar, en el ejemplo 7. Con centro en A y B trazamos dos arcos de radio A-B, en el mismo sentido, que se cortan en N. Desde N unimos mediante una recta con la segunda división de A-B y obtenemos en su corte con la circunferencia el punto C. El segmento AC es lado del polígono buscado. Fig.61

Conociendo el lado AB.

Con centro en A y B y radio A-B trazamos dos arcos que se cortan en O6 sobre la mediatriz de A-B. Con centro en O6 y radio A-O6, trazamos un arco que corta en O12 a la mediatriz. Dividimos el segmento O6-O12 en 6 partes obteniendo O7, O8, O9, O10 Y O11. Si seguimos graduando la mediatriz con esta unidad obtenemos O13, O14, etc., por encima y O5, O4 por debajo de O12 y O6 respectivamente. Todos estos puntos calculados son centros de las circunferencias circunscritas de los polígonos que llevan su número. Trazamos la deseada y distribuimos el lado A-B por

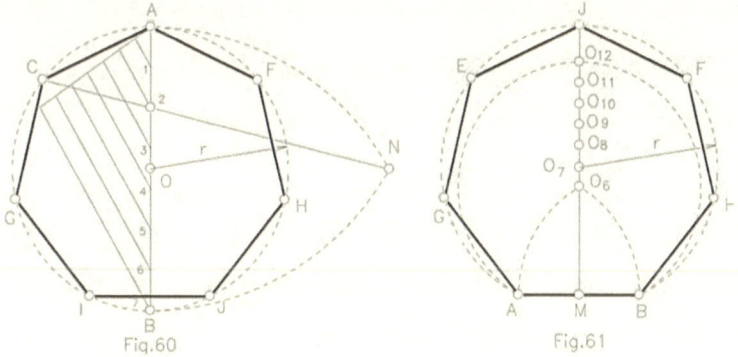

Fig.60   Fig.61

133

ella, en el ejemplo el heptágono. Esta construcción es aproximada. Fig.60.

Polígonos estrellados

Concepto y elementos específicos

Si una circunferencia se divide en *n* partes y se unen sucesivamente estas divisiones (vértices), se obtiene un polígono regular convexo según hemos visto, pero si se unen de dos en dos, de 3 en 3, etc., estos vértices, los polígonos resultantes son cóncavos y estrellados.

Género. g: Se denomina así al número de cuerdas o lados del polígono estrellado.

El género coincide con el número de vértices del polígono por lo que un polígono estrellado se denomina igual que uno convexo (Con un género 5, pentágono estrellado = pentágono).

Paso. p: Número de divisiones de la circunferencia, que comprende cada lado del polígono estrellado.

Especie. e: En base al paso se establecen diversas especies, 1ª especie, si se unen los vértices de dos en dos, de 2ª especie si lo hacemos de 3 en 3 etc.

Polígonos estrellados de los convexos

El número de polígonos estrellados que tiene un polígono regular convexo 1 es el número de cifras primas con él menores de su mitad. Estas cifras primas nos indican además el paso del polígono y por tanto su especie.

Por ejemplo en el *pentágono* dividimos 5 por dos (5/2 = 2.5) y observamos que el número 2 es menor que la mitad de 5 (2.5) y primo de 5 pues 5 no es divisible entre él. Podemos deducir por tanto que el pentágono tiene un solo polígono estrellado, y no solo eso sino que, además, su paso es 2 (se van tomando los vértices de 2 en 2) pues 2 es el número primo resultante de la operación. El polígono así obtenido será por tanto de 1ª especie.

Hexágono: 6/2 = 3; 3, 2 y 1 no son primos de 6 pues los tres lo dividen sin generar decimales. El hexágono no tiene ningún polígono estrellado pues de su mitad a 0 no tiene primos.

Heptágono: 7/2 = 3.5. Los números 3 y 2 son los primos de 7. El heptágono tiene dos polígonos estrellados (dos primos) de pasos 2 y 3, o especies 1ª y 2ª.

Construcción

El triángulo no tiene polígono estrellado.

El cuadrado no tiene polígono estrellado.

El pentágono uno de 1ª especie.

El hexágono ninguno.

El heptágono dos, de 1ª y 2ª especie.

El octógono uno, de 2ª especie.

El eneágono dos, de 1ª y 2ª especie.

El decágono uno, de 2ª especie, falla la regla: Tenemos 10/2 = 5, los números 4 y 3 son primos y menores que su mitad

135

si bien solo podremos trazar un polígono estrellado de 2ª especie. Con once vértices 4 polígonos estrellados, de 1ª, 2ª, 3ª y 4ª especie.

El dodecágono un estrellado, uniendo sus vértices de 5 en 5 o 4ª especie. Fig.62.

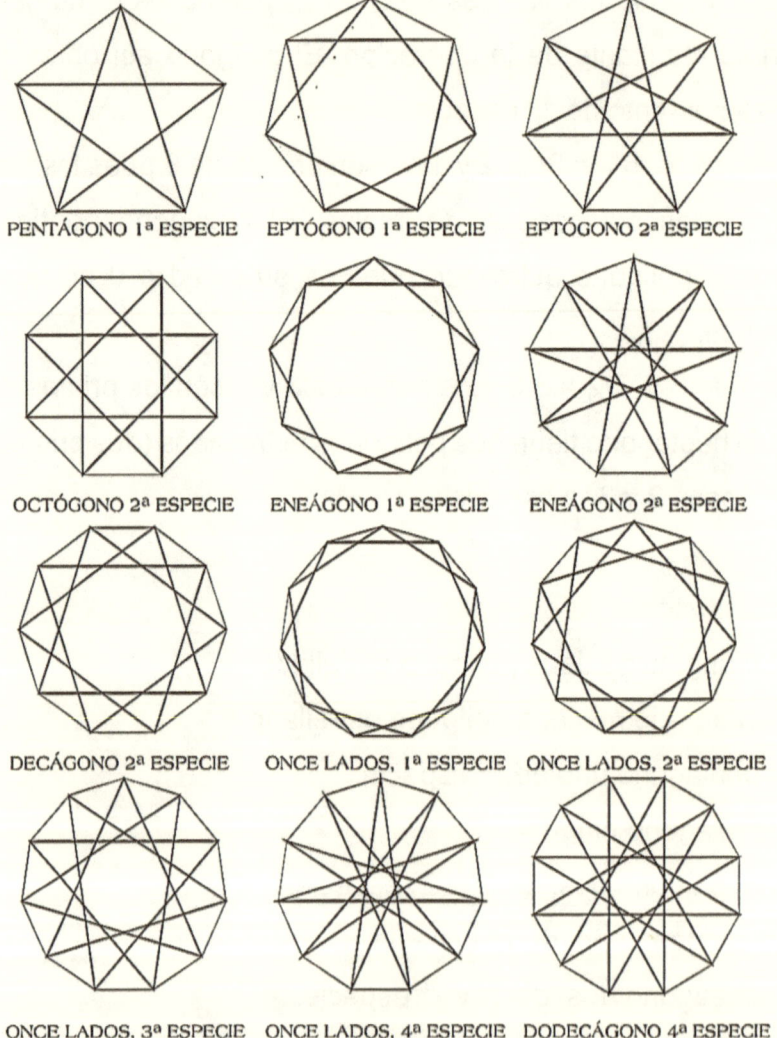

Fig. 62

5. RELACIONES GEOMÉTRICAS

Semejanza. Equivalencia. Igualdad. Homotecia.

Proporcionalidad. Escalas.

Semejanza

Dos figuras son semejantes cuando mantienen la misma forma pero tienen distinto tamaño y por lo tanto distinta área.

Las figuras semejantes conservan la orientación y las magnitudes angulares, pero se diferencian en las magnitudes de sus lados atendiendo a un factor de proporcionalidad, es decir, los lados de dos figuras semejantes son proporcionales.

HOMOTECIA: A la derecha un triángulo y su homotético presentan la misma forma, sus lados son proporcionales y sus angulos iguales, pero tienen distinto tamaño y diferente área.

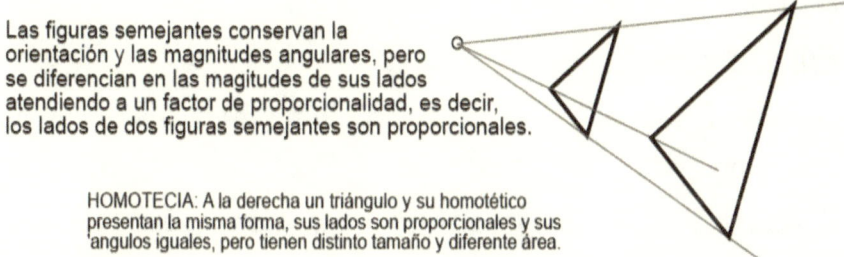

Equivalencia

Dos figuras son equivalentes cuando tienen distinta forma pero mantienen la misma área.

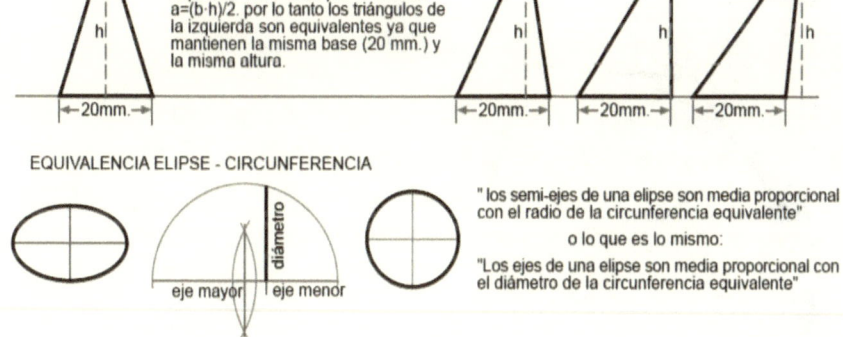

El área del triángulo isosceles de la izquierda viene dada por la fórmula a=(b·h)/2. por lo tanto los triángulos de la izquierda son equivalentes ya que mantienen la misma base (20 mm.) y la misma altura.

EQUIVALENCIA ELIPSE - CIRCUNFERENCIA

" los semi-ejes de una elipse son media proporcional con el radio de la circunferencia equivalente"

o lo que es lo mismo:

"Los ejes de una elipse son media proporcional con el diámetro de la circunferencia equivalente"

Igualdad

Dos figuras son iguales cuando mantienen la misma forma y el mismo tamaño. Dos figuras iguales siempre tendrán la misma área. Para los polígonos la igualdad implica: mismas magnitudes angulares en los vértices, misma magnitudes de los lados y por lo tanto igual superficie.

Dado el cuadrilátero ABCD, copiarlo a partir de A':

<u>*Por triangulación*</u>

Cualquier polígono de más de tres lados puede ser descompuesto en triángulos. Por esto, podemos descomponer el polígono que queremos copiar en los triángulos que proceda y copiar el polígono copiando los triángulos uno a uno. De este modo evitamos emplear el procedimiento de copia de ángulos que es algo impreciso si no somos muy cuidadosos y podemos copiar el polígono empleando únicamente la copia de los lados de los triángulos.

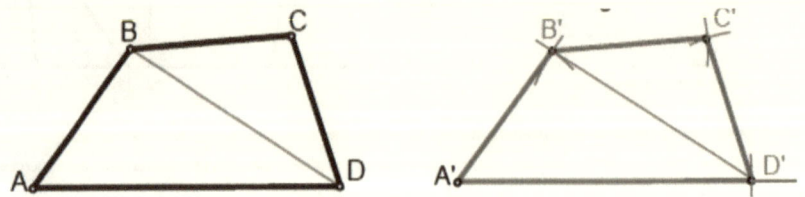

Primero copiamos el triángulo ABD a partir de A'. Una vez hecho esto copiaremos el triángulo BCD sobre el lado B'C'

Dado el cuadrilátero ABCD, copiarlo a partir de A':

<u>*Por copia de ángulos y segmentos*</u>

Simplemente debemos emplear los procedimientos de copia de ángulos y copia de segmentos para copiar el polígono a partir del punto dado.

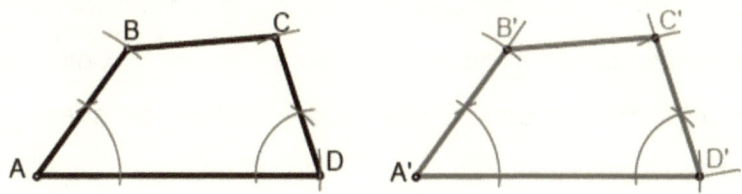

Dado el hexágono irregular ABCDEF, copiarlo a partir de A':

<u>*Por radiación*</u>

En este caso se trata de situar un centro a partir del cual se trazan radios hasta los vértices del polígono. Con ello trazaremos otro centro y copiaremos las magnitudes angulares entre los radios para después copiar las distancias entre el centro y los vértices. Nótese como solo se traza una circunferencia para copiar las magnitudes angulares, esta debe tener igual radio en el enunciado y en el resultado.

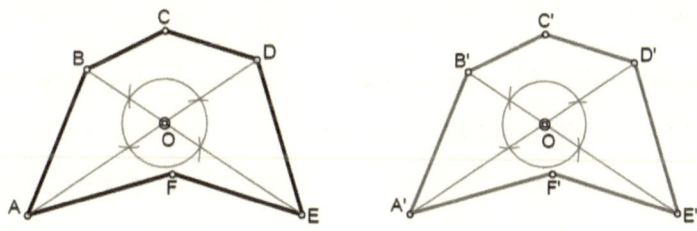

Dado el cuadrilátero ABCDE, copiarlo a partir de O':

<u>*Por Coordenadas*</u>

Consiste en trazar dos ejes de coordenadas. Estos deben de formar un ángulo de 90° y si los hacemos coincidir con dos vértices del polígono ahorraremos algún paso.

Proyectaremos los vértices del polígono ortogonalmente sobre cada eje de coordenadas para después copiar las magnitudes de los segmentos para construir de nuevo el polígono.

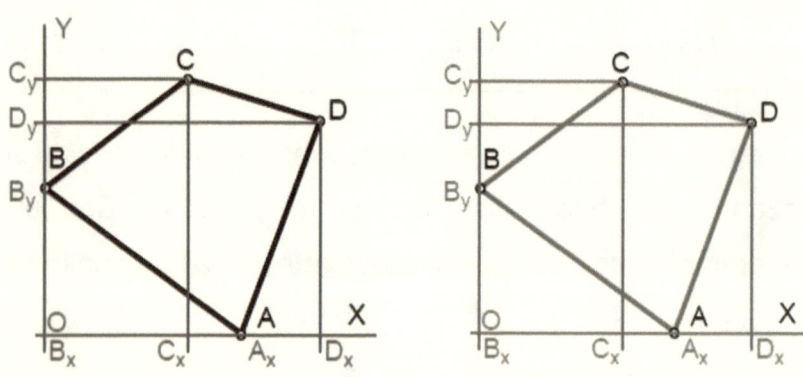

Homotecia

La Homotecia es una transformación geométrica, una correspondencia biunívoca entre dos figuras en la que se cumple que las parejas de puntos homotéticos están alineados con el centro de homotecia y los segmentos homotéticos son paralelos. Cuando los puntos homotéticos se encuentran alineados con el centro pero en extremos opuestos de las radiaciones la homotecia es INVERSA.

Cuando los dos puntos homotéticos se encuentran al mismo lado respecto al centro la homotecia es DIRECTA.

HOMOTECIA DIRECTA: Las figuras homotéticas directas son semejantes y nunca son equivalentes. El factor de proporcionalidad entre figuras homotéticas directas es siempre positivo.

HOMOTECIA INVERSA: Las figuras homotéticas inversas responden a un factor de proporcionalidad negativo, son equivalentes si el factor de proporcionalidad es -1. En este caso la figura no es semejante es el producto de dos simetrías axiales cuyos ejes, uno vertical y otro horizontal pasan por el centro de homotecia.

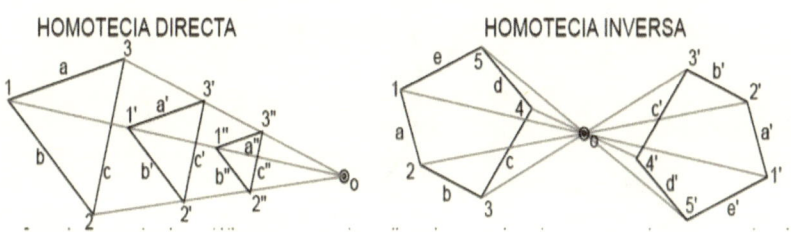

Elementos en problemas:

Una homotecia queda definida al conocer algunos de los siguientes datos:

1- El centro de homotecia y un par de puntos homotéticos.

2- El centro y la razón de semejanza o factor de proporcionalidad.

3- Dos figuras homotéticas.

En la homotecia siempre se cumple:

1- LOS PUNTOS homotéticos siempre están alineados con el centro de homotecia, mientras que las RECTAS homotéticas siempre son paralelas.

2- Dos CIRCUNFERENCIAS siempre son homotéticas y tienen el centro de homotecia alineado con los centros. El centro está en el punto donde se cortan las tangentes exteriores para homotecia directa y en el punto donde se cortan las tangentes interiores para la homotecia inversa. Los radios que van a parar a puntos homotéticos de las circunferencias son paralelos.

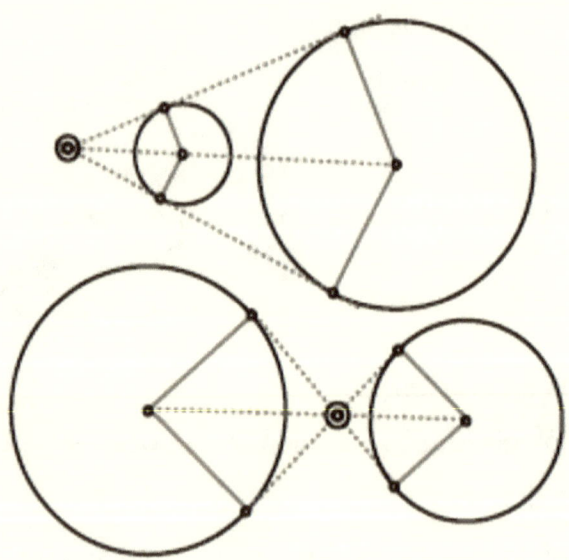

FACTOR DE PROPORCIONALIDAD EN LA HOMOTECIA (Razón de semejanza)

El factor de proporcionalidad en la homotecia viene marcado por la distancia entre el centro y los puntos homotéticos de la figura dada.

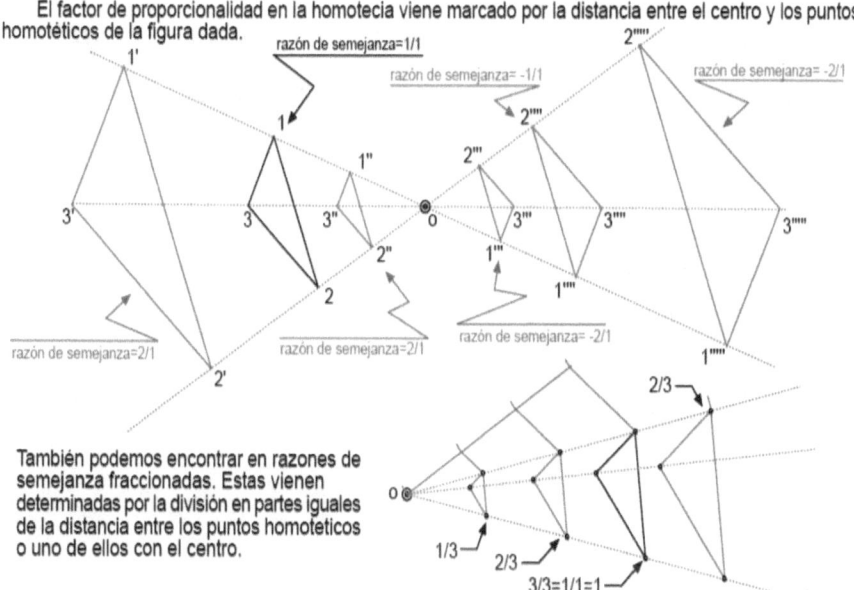

También podemos encontrar en razones de semejanza fraccionadas. Estas vienen determinadas por la división en partes iguales de la distancia entre los puntos homotéticos o uno de ellos con el centro.

Proporcionalidad

Es la relación que existe entre 2 figuras de igual forma y distinto tamaño.

Razón (K)

Dados 2 segmentos a y b, la razón es la relación entre las longitudes de ambos segmentos. Dados 4 segmentos (a, b, c y d) tomados dos a dos, se dice que son proporcionales si las razones son iguales: a/b=c/d. (Fig.1).

Se denominan medios: b y c. Son extremos: a y d.

Proporcionalidad directa:

Dos magnitudes son directamente proporcionales si varían de tal forma que su razón permanece constante.

$a/b = a'/b' = a''/b'' = \ldots = K$

Proporcionalidad inversa:

Dos magnitudes son inversamente proporcionales si varían de tal forma que su producto permanece constante.

$a \cdot b = a' \cdot b' = a'' \cdot b'' = \ldots = K$

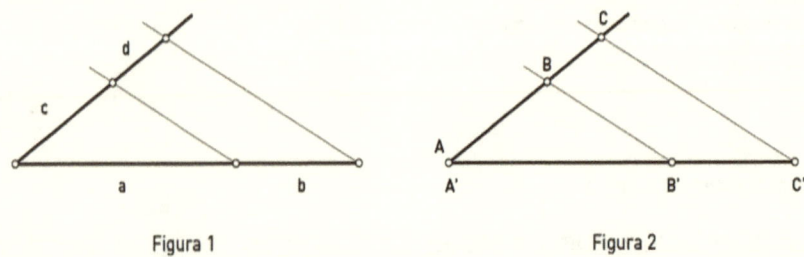

Figura 1   Figura 2

Teorema de Thales y aplicaciones

Si un haz de rectas paralelas corta a 2 rectas concurrentes (Fig.2), los segmentos resultantes sobre la recta r son proporcionales a los determinados sobre la recta s. Son directamente proporcionales. AB/A'B'=BC/B'C'. También se cumple: AB/BC = A'B'/B'C'.

SEGMENTO CUARTO PROPORCIONAL (x) A OTROS TRES (a, b, c)
Dados tres segmentos, se busca otro (d) que verifique la siguiente igualdad a/b=c/x

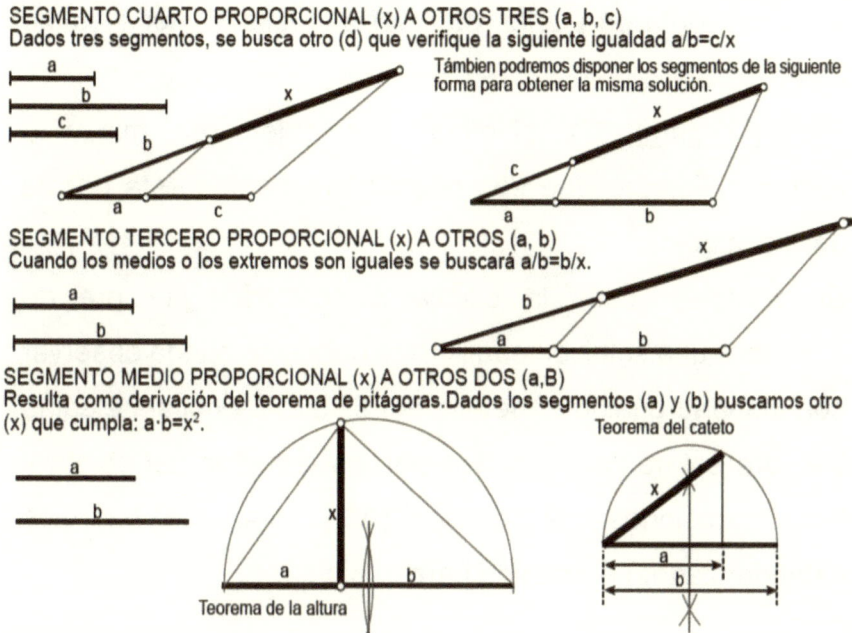

Támbien podremos disponer los segmentos de la siguiente forma para obtener la misma solución.

SEGMENTO TERCERO PROPORCIONAL (x) A OTROS (a, b)
Cuando los medios o los extremos son iguales se buscará a/b=b/x.

SEGMENTO MEDIO PROPORCIONAL (x) A OTROS DOS (a,B)
Resulta como derivación del teorema de pitágoras.Dados los segmentos (a) y (b) buscamos otro (x) que cumpla: $a \cdot b = x^2$.

Teorema del cateto

Teorema de la altura

Escalas gráficas

La escala es la relación, normalmente expresada en fracción, entre las dimensiones del gráfico o dibujo (D) y las dimensiones reales del objeto (R).

D/R: medidas del dibujo dividido por las medidas de la realidad.

Escalas de Reducción: 1/2 (1cm del dibujo se corresponden con 2cm la realidad. "La mitad de..."), 1/5 (una quinta parte de...). Se aplican principalmente en geodesia, topografía y arquitectura.

Escalas de Ampliación: 2/1 (2cm del dibujo se corresponden con 1cm de la realidad). "El doble de...", 3/2 (3cm del dibujo se corresponden con 2cm de la realidad). Se aplican principalmente en planos de diseño industrial, por ejemplo una tuerca.

Escala Natural: 1/1 (el dibujo y el objeto real miden lo mismo). Siempre que sea posible elegiremos esta escala para el dibujo.

En cualquier caso la escala idónea trata siempre de encontrar una solución equilibrada donde se pueda observar con claridad cualquier detalle del dibujo. La escala elegida siempre estará condicionada por los tamaños del objeto y las dimensiones del formato (A3 o A4 son los más estandarizados) empleado para el dibujo.

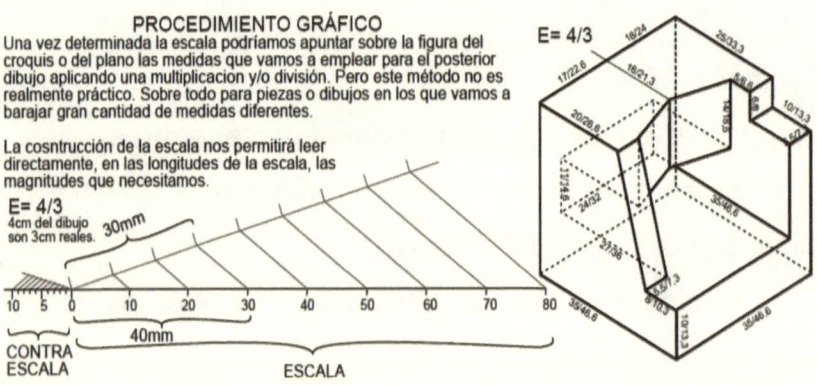

PROCEDIMIENTO GRÁFICO

Una vez determinada la escala podríamos apuntar sobre la figura del croquis o del plano las medidas que vamos a emplear para el posterior dibujo aplicando una multiplicacion y/o división. Pero este método no es realmente práctico. Sobre todo para piezas o dibujos en los que vamos a barajar gran cantidad de medidas diferentes.

La cosntrucción de la escala nos permitirá leer directamente, en las longitudes de la escala, las magnitudes que necesitamos.

6. TRANSFORMACIONES GEOMÉTRICAS

Traslación. Rotación. Simetría. Inversión. Afinidad.

Homología

ISOMÉTRICAS (= medida)	Entre la figura original y la transformada se mantienen las magnitudes lineales y los ángulos	GIROS TRASLACIÓN SIMETRÍA
ISOMÓRFICAS (= forma)	Mantienen la misma forma pero no el tamaño.	HOMOTECIA
ANAMÓRFICAS	Cambia el tamaño y el valor angular.	INVERSIÓN HOMOLOGÍA AFINIDAD

Cuadro de transformaciones geométricas

Traslación

Es una transformación geométrica o movimiento en el plano que viene determinada por un vector.

Un vector está determinado por una magnitud (distancia), dirección y sentido.

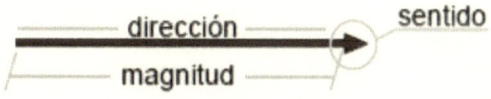

Es tan sencillo como hacer paralelas a la dirección del vector y en el sentido indicado por la flecha desde los vértices de la figura, copiando la magnitud con el compás, para obtener la figura transformada.

Una traslación puede venir definida por:

1- Una figura y un vector de traslación.

2- Un par de puntos (original y trasladado.

Abajo una figura pentagonal ha sido trasladada en base a un vector de traslación manteniendo esta su forma y medidas.

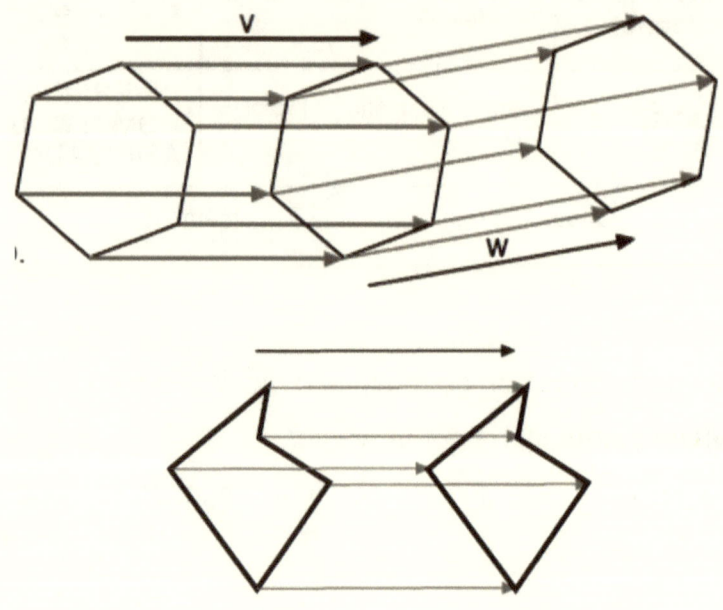

Giro o rotación

Es una transformación geométrica en la que intervienen: un centro, una magnitud angular y un sentido de giro.

El sentido puede ser HORARIO (dextrógiro), en cuyo caso la magnitud angular será positiva o ANTI-HORARIO (levógiro) siendo la magnitud angular negativa.

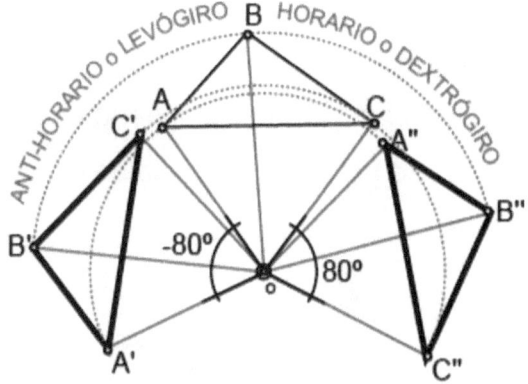

Abajo una figura pentagonal ha sido girada 180° en sentido anti-horario manteniendo esta su forma y medidas.

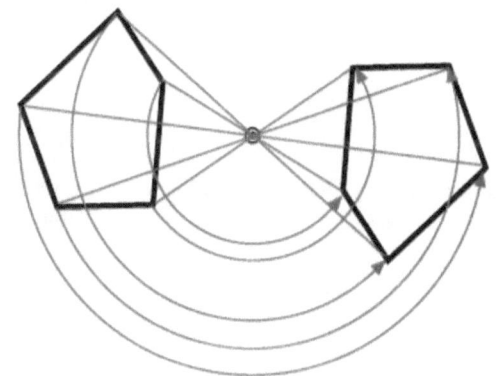

Giro de un punto (p) respecto a un centro (o):

Girar el punto p 30 ° respecto al centro o.

1°- Trazamos el segmento op.
2°- Con vértice en o, ayudandonos del cartabón o transportador de ángulos trazamos otro segmento que determina un ángulo de 30°.
3°- Con centro en o y radio op trazamos un ángulo que corta al segmento anterior.
4°- En la intersección del arco con el segundo segmento tenemos el punto p', resultado degirar p 30°.

Simetría

Es una transformación geométrica en la que todo punto y su simétrico (relación biunívoca) se encuentran a distinto lado de un centro o un eje y a igual distancia de este. Existen dos tipos de simetría:

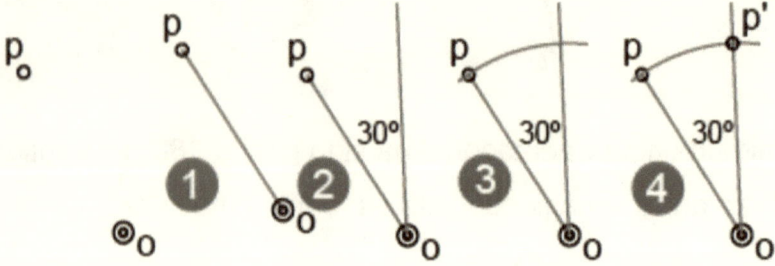

SIMETRÍA AXIAL (eje): Los puntos simétricos se encuentran sobre una perpendicular al eje de simetría, a igual distancia y en distintos lados del eje.

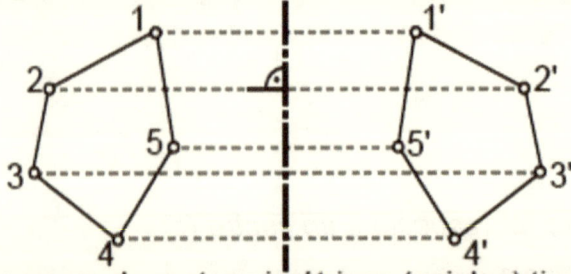

Los pares de rectas simétricos (axiales) tienen su intersección sobre el eje de simetría. Cuando el eje de simetría corta una recta, la recta simétrica cortará a la primera sobre el eje de simetría y el punto de intersección será un PUNTO DOBLE. cualquier punto que esté sobre el eje de simetría tiene su simétrico en el mismo punto, a estos les llamamos PUNTOS DOBLES.

SIMETRÍA CENTRAL (centro-punto): Los puntos simétricos se encuentran alineados con el centro, a igual distancia y en distinto lado.

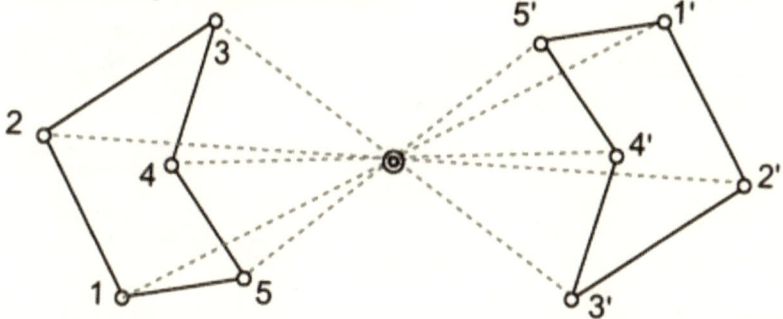

La simetría central equivale a un giro de 180° con el mismo centro. La rectas o segmentos simétricos respecto a un centro son paralelas.

Inversión

La inversión es una transformación geométrica en la que se cumple que dos puntos son inversos cuando:

1°- Están en línea recta con el centro de inversión. A y su inverso A' están alineados con O (centro de inversión).

2°. El producto de las distancias (potencia de un punto respecto a una circunferencia) de los puntos respecto al centro de inversión es constante.

Si fijamos un punto P en el plano y desde este trazamos secantes a una circunferencia, la intersección de las distintas secantes producirá dos puntos A-A', B-B', C-C'...

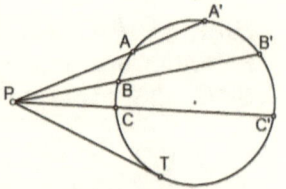

El producto de las distancias de P a los otros dos puntos es constante e igual al cuadrado de la distancia de P al punto de tangencia con la circunferencia .

$$PA \cdot PA' = PB \cdot PB' = PC \cdot PC' = K = PT^2$$

Por ello, todos los pares de puntos A-A', B-B', etc de la ilustración superior de la potencia son inversos.

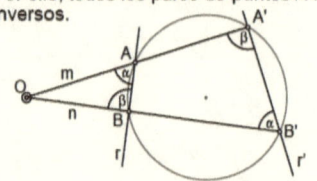

Dos pares de puntos inversos (A-A' y B-B') con el mismo centro de inversión determinan siempre una circunferencia (son concíclicos).

Dos pares de rectas inversas r (AB) y r' (A'B') con el mismo centro de inversión son antiparalelas de las rectas que unen los pares de puntos.

Dos rectas r y r' son **antiparalelas** con otras dos m y n cuando los ángulos que r forma con m y con n, son respectivamente iguales a los que r' forma con n y con m.

Una inversión queda determinada por:

1º- Dados el centro y el valor de la inversión (la potencia).

2º- Dados el centro y un par de puntos inversos.

3º- Dados dos pares de puntos inversos no alineados.

Hallar el punto inverso de P, P', dado el centro de inversión O y dos puntos inversos, Q y Q': Dado un par de puntos inversos, Q-Q', el centro de inversión y un punto P hallar el punto inverso de P, P'.

1º- Trazamos la mediatriz de QQ' y de Q'P o QP. La finalidad es encontrar el centro de la circunferencia que pasa por P, Q y Q'.

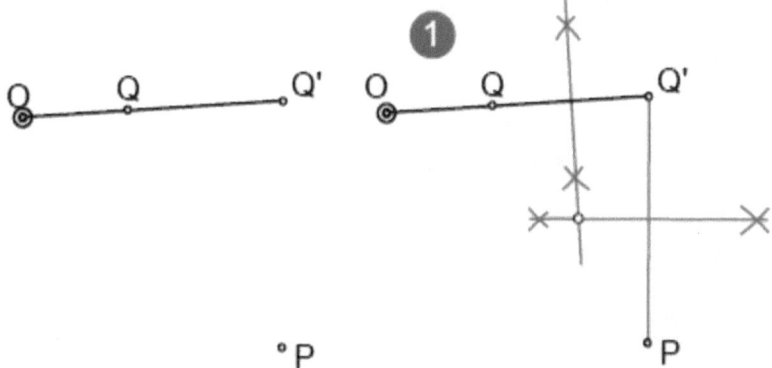

2º- Trazamos la circunferencia.

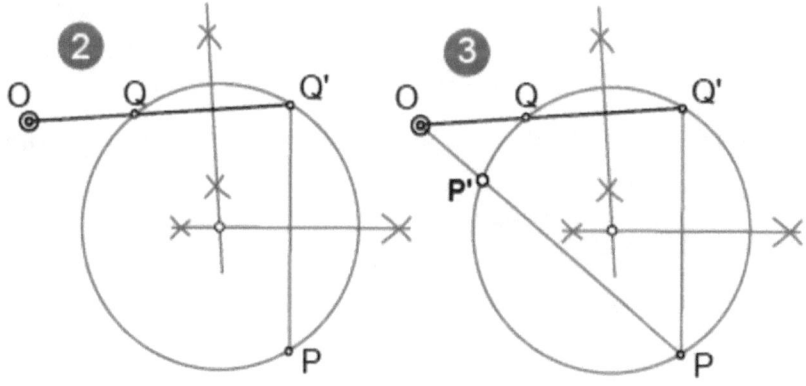

3º- Trazamos una recta OP. El segundo punto de intersección con la circunferencia es el punto P' inverso de P.

INVERSIÓN POSITIVA (K>0) E INVERSIÓN NEGATIVA (K<0)

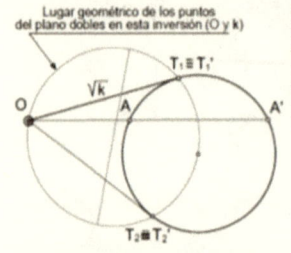

Lugar geométrico de los puntos del plano dobles en esta inversión (O y k)

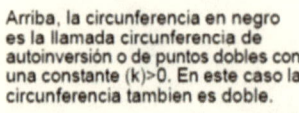

A la izquierda vemos una inversión de un punto A-A' con el valor de la inversión k >0, inversión positiva, pues ambos puntos, original y transformado se encuentran al mismo lado de O y a su vez k parte en el mismo sentido que ambos puntos original y transformado.

T_1 y T_2 son puntos dobles, el transformado y el original coinciden.

Arriba, la circunferencia en negro es la llamada circunferencia de autoinversión o de puntos dobles con una constante (k)>0. En este caso la circunferencia tambien es doble.

A la derecha observamos como cuando K es negativo, los puntos inversos se encuentran siempre a distinto lado del centro de inversión. En una inversión de valor negativo no existen puntos ni figuras dobles.

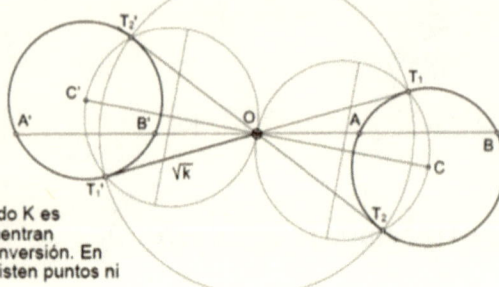

Afinidad

La Afinidad es una transformación homográfica que cumple las siguientes leyes:

- Dos puntos Afines están alineados con una recta que sigue la dirección de afinidad.

- Dos rectas Afines se cortan siempre en una recta fija llamada eje de afinidad.

La afinidad mantiene el paralelismo, las proporciones entre segmentos y las áreas de las figuras.

La afinidad es un caso particular de homología en la que el centro de homología es impropio (está en el infinito), de ahí que no exista un centro de afinidad sino una dirección y que todos los rayos sean paralelos.

Una afinidad queda determinada conociendo los siguientes datos:

1- El eje y dos puntos afines.

2- La dirección de afinidad y el coeficiente

3- Dos figuras afines.

A la Afinidad también se la denomina homología afín o Afinidad homológica. En la afinidad no existen rectas límite.

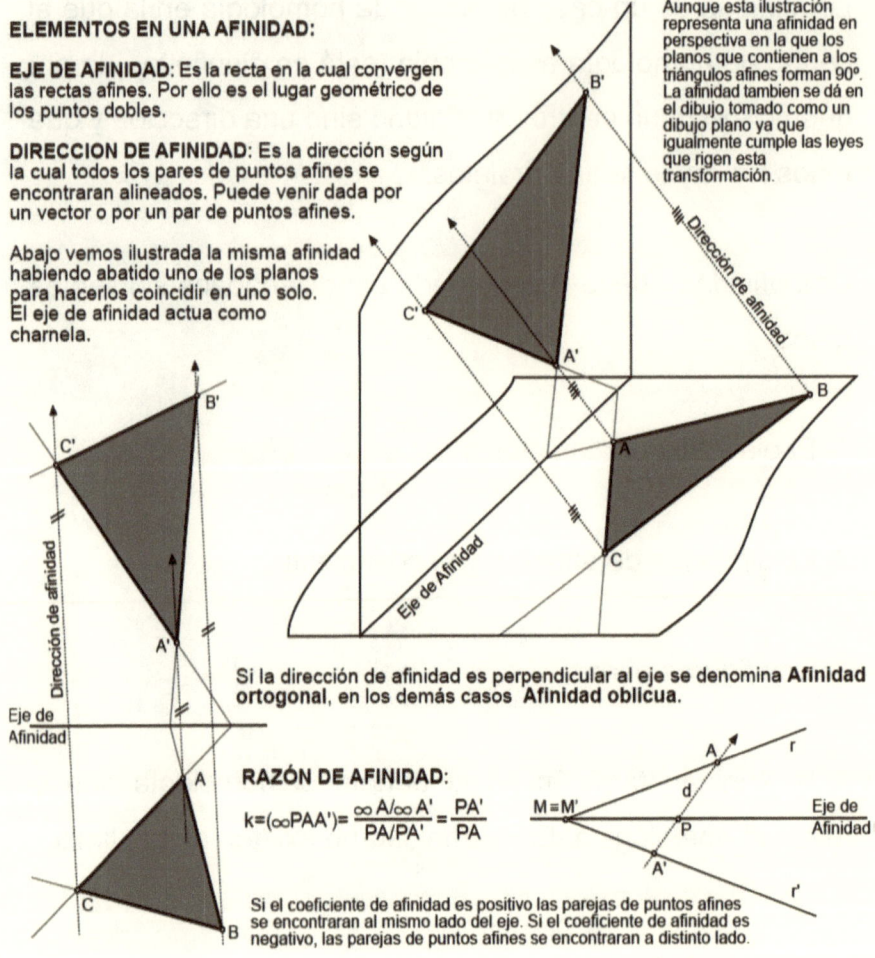

ELEMENTOS EN UNA AFINIDAD:

EJE DE AFINIDAD: Es la recta en la cual convergen las rectas afines. Por ello es el lugar geométrico de los puntos dobles.

DIRECCION DE AFINIDAD: Es la dirección según la cual todos los pares de puntos afines se encontraran alineados. Puede venir dada por un vector o por un par de puntos afines.

Abajo vemos ilustrada la misma afinidad habiendo abatido uno de los planos para hacerlos coincidir en uno solo. El eje de afinidad actua como charnela.

Aunque esta ilustración representa una afinidad en perspectiva en la que los planos que contienen a los triángulos afines forman 90º. La afinidad tambien se dá en el dibujo tomado como un dibujo plano ya que igualmente cumple las leyes que rigen esta transformación.

Si la dirección de afinidad es perpendicular al eje se denomina **Afinidad ortogonal**, en los demás casos **Afinidad oblicua.**

RAZÓN DE AFINIDAD:

$$k=(\infty PAA')=\dfrac{\infty A/\infty A'}{PA/PA'}=\dfrac{PA'}{PA}$$

Si el coeficiente de afinidad es positivo las parejas de puntos afines se encontraran al mismo lado del eje. Si el coeficiente de afinidad es negativo, las parejas de puntos afines se encontraran a distinto lado.

Homología

La homología es una transformación homográfica que cumple las siguientes leyes:

- Dos puntos homólogos están alineados con un punto fijo llamado centro de homología.

- Dos rectas homólogas se cortan siempre en una recta fija llamada eje de homología.

La homología solo mantiene el número de lados de la figura inicial, las demás características no se conservan: los ángulos, paralelismos, perpendicularidades, distancias, proporciones, etc. se verán alterados.

ELEMENTOS EN UNA HOMOLOGÍA:

CENTRO DE HOMOLOGÍA: Es el foco de la radiación de rectas que pasan por pares de puntos homólogos. Es el punto donde se cortan todas las rectas que unen un punto con su homólogo en una homología.

EJE: Es el lugar geométrico de los puntos que son homólogos de sí mismos (puntos dobles).

Rectas homólogas siempre convergen en el eje.

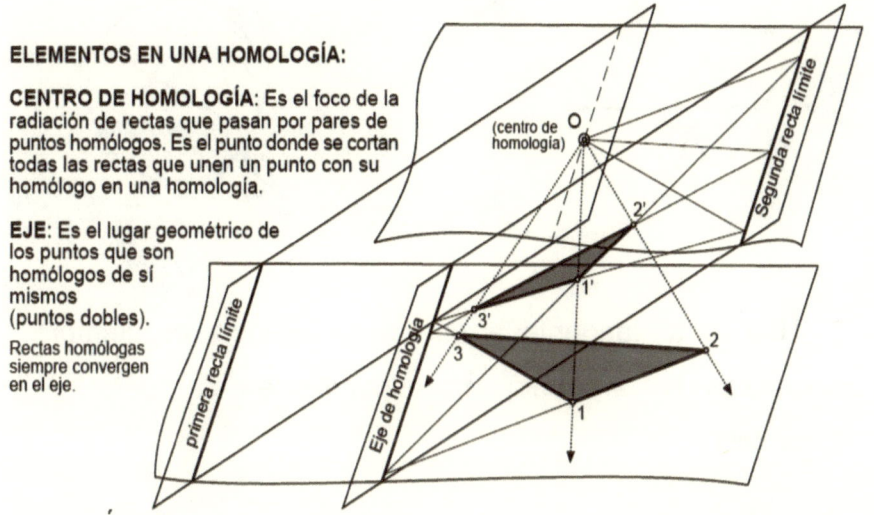

7. LAS TANGENCIAS

Dos elementos son tangentes cuando tienen un punto en común denominado punto de tangencia. Estos elementos son circunferencias (o arcos de circunferencia, en algunos casos curvas cónicas también) y rectas.

Un enlace es la unión armónica de curvas con curvas o curvas con rectas. Los enlaces son la aplicación práctica de las tangencias.

Propiedades fundamentales de las tangencias

1- Los centros de dos circunferencias tangentes entre sí están alineados con el punto de tangencia.

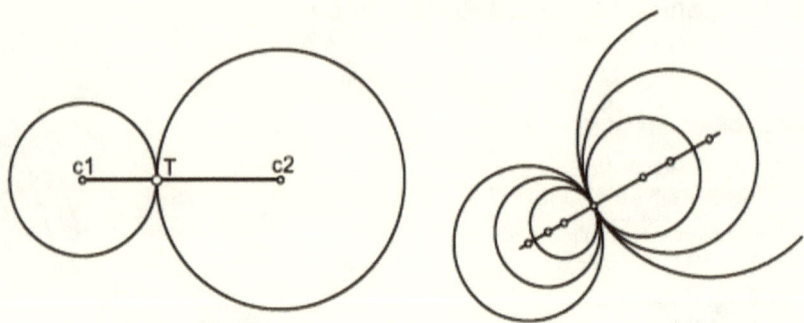

2- Una recta tangente a una circunferencia es siempre perpendicular al radio correspondiente al punto de tangencia.

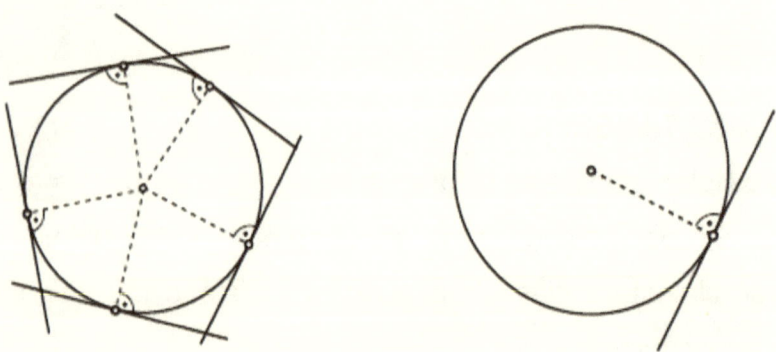

3- El centro de cualquier circunferencia que pasa por dos puntos se encuentra en la mediatriz del segmento que definen los dos puntos. Todo radio perpendicular a una cuerda de circunferencia divide a esta en dos mitades iguales.

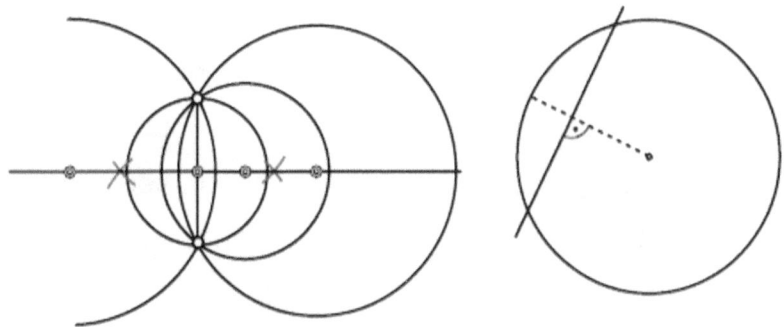

4- El centro de cualquier circunferencia tangente a dos rectas se encuentra en la bisectriz del ángulo que estas producen.

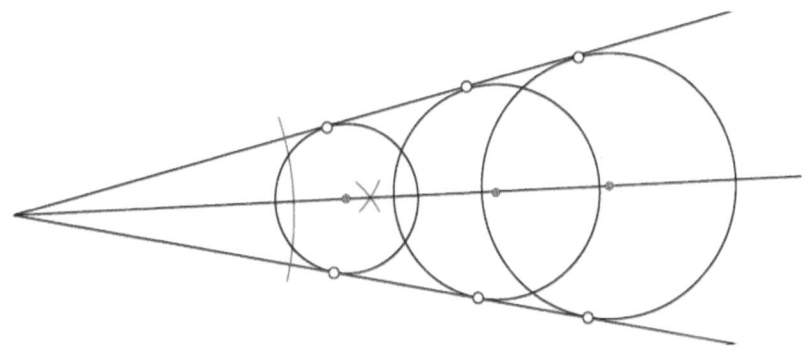

Teoremas fundamentales y lugares geométricos

Conociendo los cuatro teoremas fundamentales de las tangencias aún no sabemos lo suficiente para resolver problemas básicos de tangencias.

Es necesario conocer el concepto de LUGAR GEOMÉTRICO. Y hacer uso de al menos dos tipos de lugares geométricos.

Un LUGAR GEOMETRICO es un conjunto de puntos en el plano que cumplen unas circunstancias, características o propiedades comunes respecto a un elemento geométrico (puede ser un plano, una circunferencia, un segmento, un ángulo, etc.). Para resolver problemas básicos de tangencias tenemos que tener claros dos lugares geométricos: Las rectas paralelas y las circunferencias concéntricas.

1º Centros alineados
con el punto de tangencia

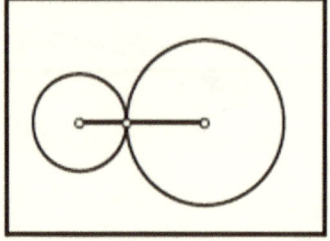

2º Radio perpendicular a
recta tg. por el punto de tg.

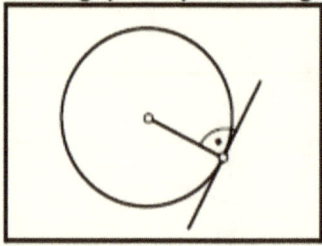

3º Centros de cir. que
pasan por dos ptos. en
mediatriz

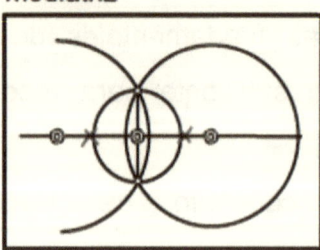

4º Centros de cir. tg. a dos
rectas. en bisectriz

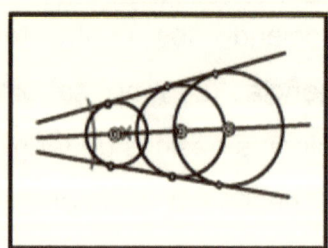

Lugares Geométricos: PARALELAS Y CIR. CONCENTRICAS

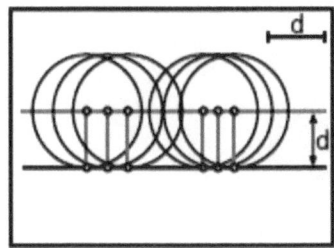 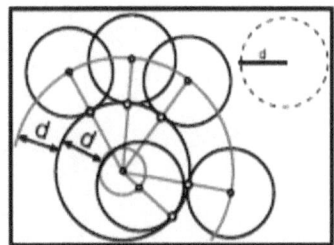

Definiciones de algunos lugares geométricos importantes para tangencias:

MEDIATRIZ: Lugar geométrico de los puntos del plano que equidistan de dos puntos. Una mediatriz contiene los centros de TODAS las circunferencias que pasan por los extremos del segmento. Cuanto más se aleje el centro del punto medio del segmento más amplio será el radio.

BISECTRIZ: Lugar geométrico de los puntos del plano que equidistan de dos rectas. Presente en las propiedades fundamentales de las tangencias. La bisectriz de un ángulo contiene a todos los centros de circunferencias tangentes a los lados. Cuanto más alejado esté el centro del vértice del ángulo más amplitud tendrá el radio de la circunferencia tangente.

EJE RADICAL: Es el lugar geométrico de los puntos del plano que son centros de circunferencia de igual radio tangentes a otras dos.

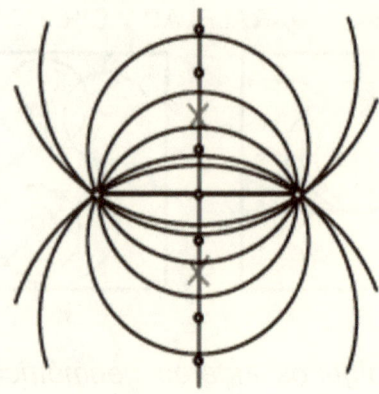

Circunferencias concéntricas

Una circunferencia concéntrica de radio (r+d) a otra de radio (r) es el lugar geométrico de los puntos del plano que son centros de las circunferencias tangentes exteriores de radio (d) a la circunferencia de radio (r).

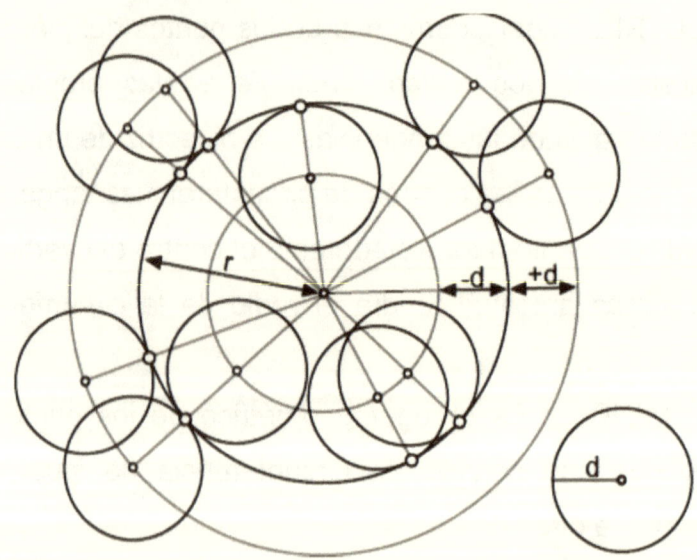

Paralelas a una distancia

Una recta paralela a una distancia (d) es el lugar geométrico de los puntos del plano que son centros de circunferencias de radio (d) tangentes a una recta que se encuentra a la distancia (d) de su paralela.

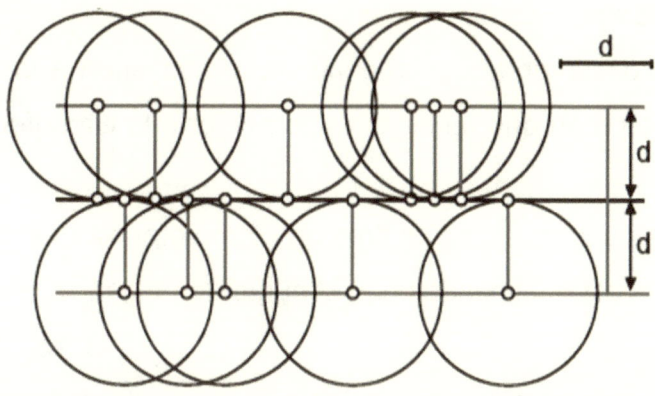

Una circunferencia concéntrica de radio (r-d) a otra de radio (r) es el lugar geométrico de los puntos del plano que son centros de las circunferencias tangentes interiores de radio (d) a la circunferencia de radio (r).

Tangencias entre dos circunferencias: principios
Para tres tipos de circunferencias tangentes a una dada.

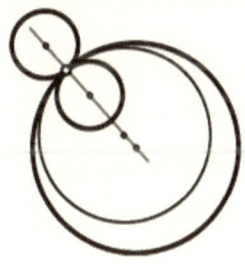

1- Las tangentes interiores que se encuentran contenidas por la circunferencia dada, con la cual comparten el punto de tangencia. Obviamente estas tendrán que tener un radio menor a la dada para poder ser contenidas sin ser secantes.

2- Las tangentes exteriores que se encuentran fuera de la circunferencia dada.

3- Las circunferencias tangentes que contienen a la dada. Estas tendrán que tener un radio mayor a la circunferencia dada.

En cualquier caso los centros de circunferencias tangentes siempre están alineados con el punto de tangencia.

Dada una circunferencia de radio R y el punto de tangencia sobre ella, trazar la circunferencias tangentes con un radio r.

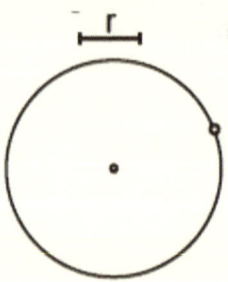

1º- Trazamos una recta que une el centro con el punto de tangencia (lugar geométrico donde se encontrará el centro solución, derivado de los teoremas de las tangencias).

2º- Con centro en el punto de tangencia trazamos un arco de radio r (lugar geométrico donde se encontrará la solución, circunferencia concéntrica) que corta a la recta en dos puntos, los cuales serán los centros de las soluciones.

3º- En el punto de intersección se encuentra la solución. Trazamos la circunferencia.

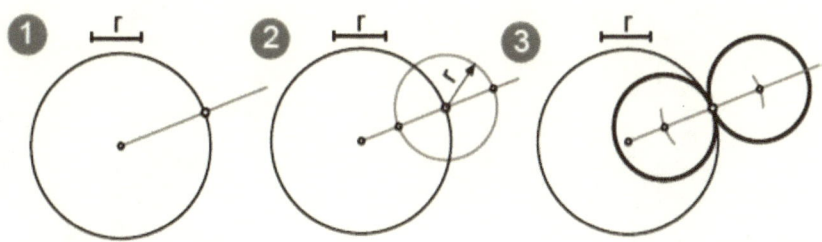

Dada una circunferencia de radio r y un punto exterior a ella, trazar las circunferencias tangentes de radio R que pasan por el punto.

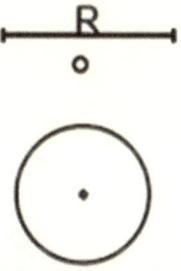

1º- Trazamos un diámetro arbitrario y a partir del punto de intersección con la circunferencia copiamos (R) sobre la totalidad del diámetro), trazamos un arco concéntrico a la circunferencia de radio.

2º- Con centro en el punto dado trazamos una circunferencia de radio (R). Los puntos de intersección con la circunferencia anterior son los centros de la solución (coincidencia de dos lugares geométricos).

3º- Unimos los centros hallados con el centro de la circunferencia dada para hallar los puntos de tangencia.

4º- Trazamos las circunferencias buscadas.

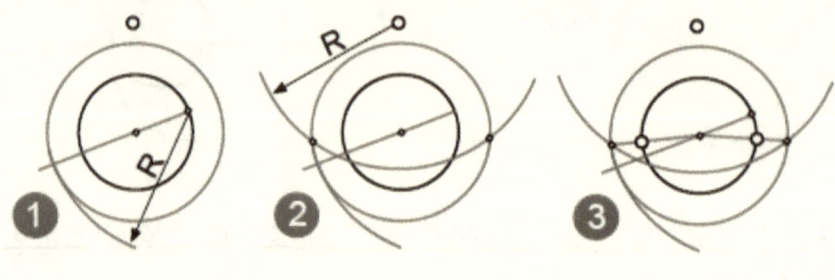

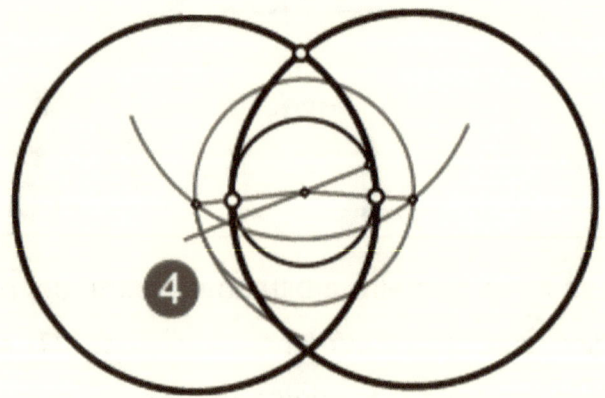

Dadas dos rectas, trazar la circunferencia de radio r tangente a ambas.

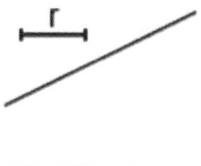

1º- Trazamos una paralela a una distancia r de una recta.

2º- Hacemos lo mismo con la otra recta. Donde las paralelas se cortan es el centro de la solución.

3º- Desde el centro trazamos perpendiculares a las rectas del enunciado para hallar los puntos de tangente, Trazamos la circunferencia.

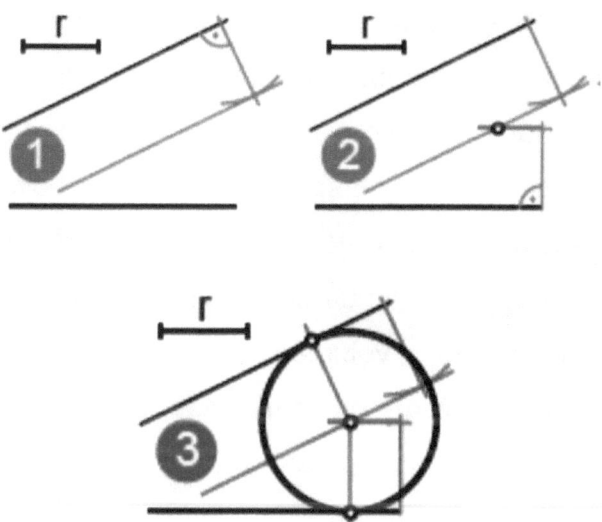

8. ÓVALO y OVOIDE

Óvalo

El óvalo es una curva cerrada y plana que está compuesta por cuatro, o más, arcos de circunferencia simétricos entre sí. Suele venir definido por dos ejes que marcan sus dimensiones y sirven de ejes de simetría de los arcos. Se emplea frecuentemente en perspectivas axonométricas para representar la circunferencia vista en perspectiva.

El óvalo se emplea en perspectivas axonométricas para representar la circunferencia vista en perspectiva.

En realidad, una circunferencia observada desde cualquier punto de vista que no se encuentre en una perpendicular por el centro de la circunferencia al plano que la contiene se ve como una elipse.

Dada la complejidad del trazado de la elipse (únicamente se puede trazar por puntos, sin compás) y con el fin de la representación limpia y clara, está permitido representar a la circunferencia vista en perspectiva mediante el óvalo.

En perspectiva axonométrica es muy común encontrase con "cajas", planas o con volumen, en las que se encierra una circunferencia o figura volumétrica.

En este apartado veremos cómo trazar un óvalo encerrado en una "caja" isométrica, es decir en un rombo cuyos ángulos enfrentados miden 120° y 60°.

Óvalo dados el eje mayor y el menor (método 1)

1º- Situamos los ejes de modo que se corten perpendicularmente por sus puntos medios.

2º- Unimos c con a (extremos del eje mayor y menor).

3º- Prolongamos el eje mayor, con centro en x y radio xa, trazamos un arco que corta a la prolongación en Y.

4º- Con centro en c, y radio cY, trazamos un arco que corta a la restca ac en e.

5º- Trazamos la mediatriz del segmento ae obteniendo O_1 sobre el eje mayor y O_2 sobre la prolongación del eje menor.

6º- Con centro en x, llevamos O_1 y O_2 a las mitades opuestas de los ejes obteniendo O_3 y O_4. Unimos O_1 con O_2 y O_3 con O_4, sobre estas rectas quedarán los puntos de tangencia.

7º- Trazamos los arcos simetricos con centros O_1-O_2, y O_3.O_4 y radio hasta los extremos de los ejes.

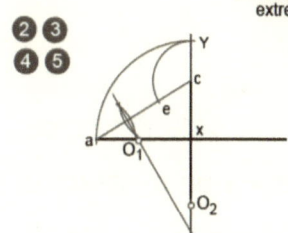
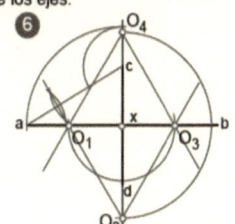
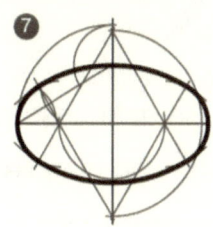

Óvalo dado el eje mayor (metodo 1)

1º- Dividimos el eje mayor dado en tres partes iguales. Los dos puntos que lo dividen serán dos de los centros

2º- Trazamos dos circunferencias desde O_1 y O_2 y radio hasta los extremos del eje, los dos puntos de intersección serán los otros dos centros del óvalo.

3º- Unimos O_3 y O_4 con O_1 y O_2, los puntos en que las rectas cortan las dos circunferencias trazadas serán los puntos de tangencia.

4º- Desde O_3 y O_4 trazamos los arcos que completan el óvalo.

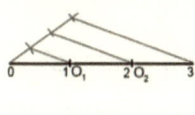
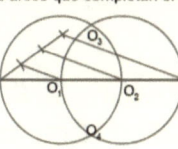
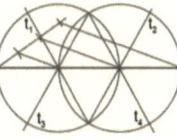

Óvalo dado el eje menor

1º- Colocando el eje dado en posición vertical, trazamos su mediatriz y desde su punto medio (O) trazamos una circunferencia con diámetro igual al eje dado, obteniendo así los cuatro centros del óvalo.

2º- Desde los extremos del eje menor trazamos dos arcos de radio igual a la totalidad del mismo.

3º- Unimos O_3 y O_4 con O_1 y O_2 obteniendo sobre ambos arcos los puntos de tangencia.

4º- Con centro en O_1 y O_2 trazamos los arcos necesarios para completar el óvalo abriendo el compás hasta los puntos de tangencia.

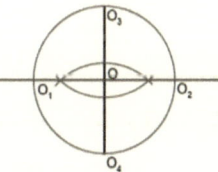
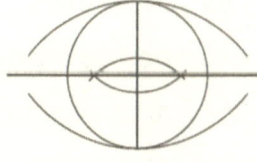

Óvalo, dado el eje mayor y el menor (ocho centros)

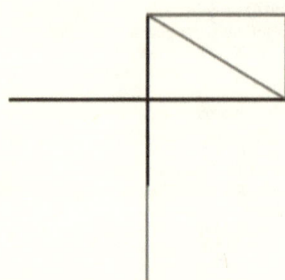

En este caso nos encontramos con un óvalo de 8 centros, mucho más fiel a la forma de una elipse. Es un proceso de construcción más complejo que el de cualquier óvalo de cuatro centros, aunque la simetría puede ayudarnos a reducir el problema a encontrar los tres primeros centros y los tres primeros enlaces.

1º- Necesitamos situar los ejes perpendiculares entre sí y cortándose por sus puntos medios. Con lados el semieje mayor y semieje menor trazamos un rectángulo en uno de sus cuadrantes. Y trazamos la diagonal que une los extremos de los ejes.

2º- Trazamos una perpendicular a la diagonal del rectángulo partiendo del vértice opuesto al corte de los dos ejes. Esta sobre el semieje mayor nos dará el primer centro O_1 y sobre la prolongación del eje menor nos dará el primer centro, O_2. Con centro en la intersección de los ejes y radio hasta los centros O_1 y O_2 llevamos la distancia los semiejes opuestos (SIMETRÍA).

3º- Con diámetro igual al eje mayor y centro su punto medio trazamos una circunferencia e inscribimos en ella un decágono regular. Lo haremos de modo que los extremos del diámetro horizontal coincidan con dos vértices del decágono. Solo necesitamos las divisiones de la circunferencia.

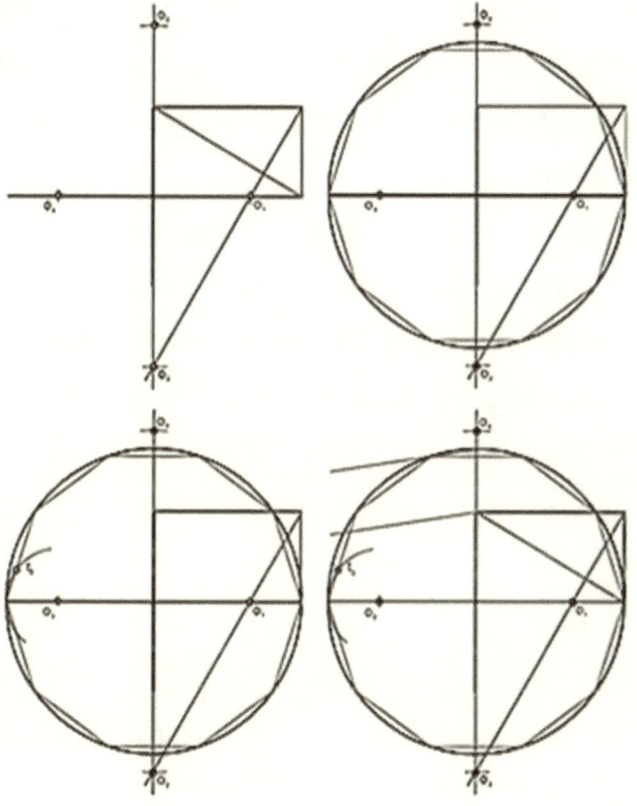

4º- Con centro en O_4 y radio hasta el extremo del correspondiente semieje trazamos un arco que corta al decágono en t_3. (Podemos repetir, a continuación o después, este paso con centro en O_1 teniendo en cuenta la SIMETRÍA respecto al eje menor del óvalo).

5º- Trazamos una recta que pasa por la intersección de la prolongación de semieje menor con la circunferencia de radio el mayor y por el primer vértice del decágono. Trazamos una paralela pasando por el extremo superior del eje menor. (En este caso lo hemos trazado esta recta haciéndola pasar por el vértice izquierdo del polígono, posteriormente repetiremos el mismo paso simétricamente respecto al eje menor).

6º- Con centro en O_2 y radio el semieje mayor trazamos un arco que corta a esta última recta en el punto t_2. Unimos t_2 con O_2 y unimos t_3 con O_4 prolongándola hasta cortar el anterior segmento en O_5. Con centro en O_5 trazamos un arco que enlaza t_3 con t_2.

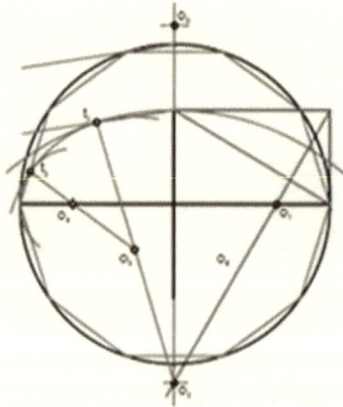

7º- Repetimos los procedimientos del paso 5º,6º y 7º de forma simétrica para realizar el cuadrante superior derecho.

172

8º- Repetimos de forma simétrica respecto al eje horizontal para realizar la mitad inferior.

9º- Remarcamos o pasamos a tinta.

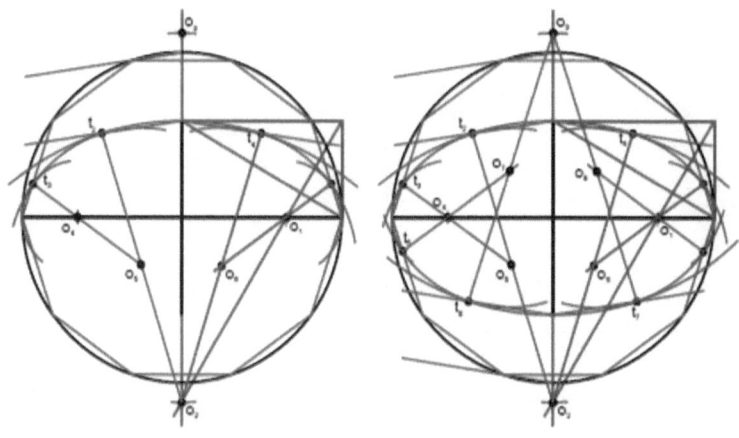

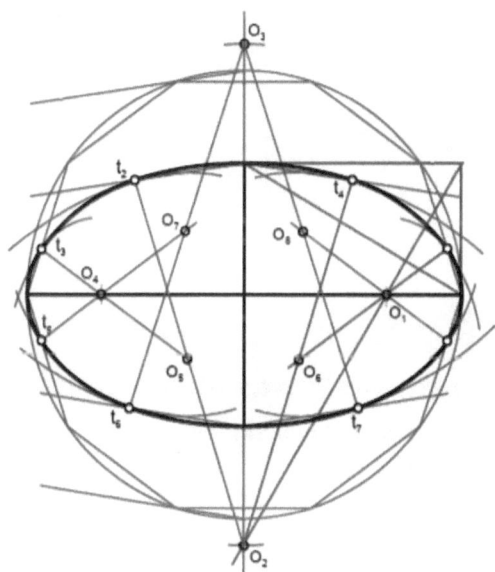

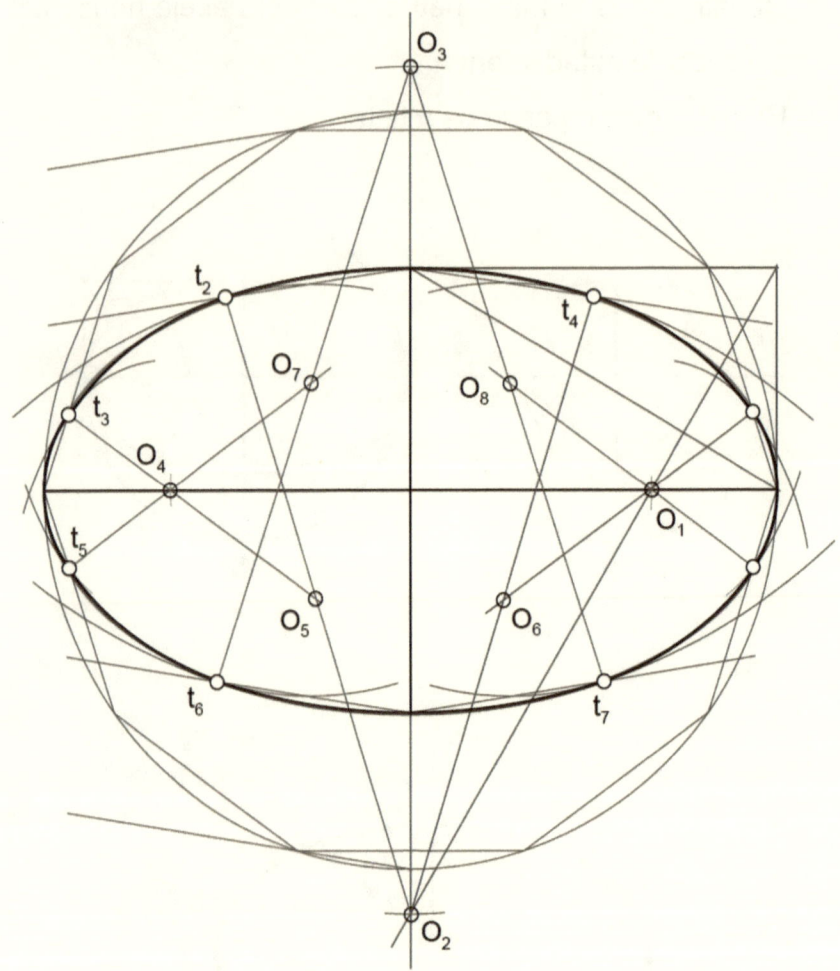

En magenta y con el mismo grosor se ha representado en último plano la elipse con los mismos ejes que el óvalo. Nótese la mínima diferencia entre la curva técnica y la cónica.

Ovoide

El ovoide es una curva cerrada y plana que está compuesta por cuatro, o más, arcos de circunferencia simétricos entre sí. Es un caso particular de óvalo con un solo eje de simetría, por lo que dos de sus arcos no guardaran relación de simetría. En un ovoide los arcos de circunferencia extremos tienen distinto radio.

Ovoide dado el eje mayor.

1º- Dividimos el eje mayor en 6 partes. Por la división nº 4 trazamos una perpendicular. Con centro en 4 trazamos una circunferencia de radio 4-6 que corta a la perpendicular en T_1 y T_2.

2º- Con centro en 4 y radio 4-0 trazamos un arco que corta a la perpendicular en C_2 y C_3. Desde C_2 y C_3 trazamos rectas que pasan por 1.

3º- Con centro en C_2 y radio C_2T_2 trazamos un arco que corta a la recta que pasa por 1 en T_4. Repetimos la operación desde C_3 (Simétrica).

4º- Con centro en 1 y radio 1-0 trazamos el arco que enlaza los puntos T_1 y T_2.

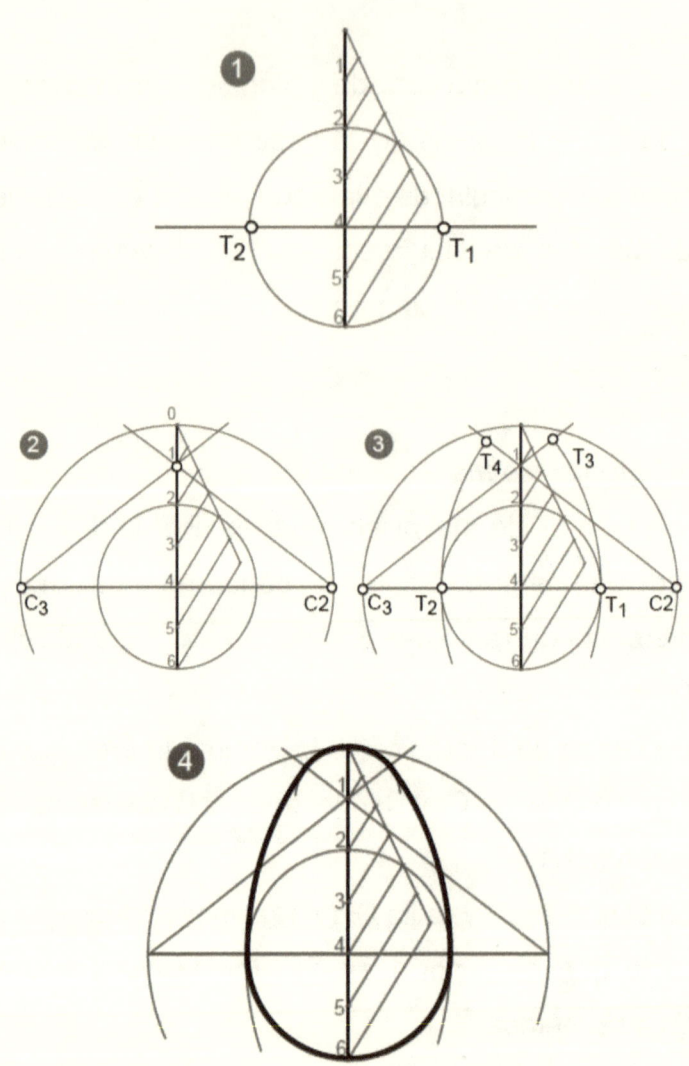

Ovoide dado el eje menor.

1º- Situamos el eje menor y trazamos su mediatriz. Encontramos el punto medio C_1. Con centro en C_1 y diámetro igual al eje menor trazamos una circunferencia que corta a la mediatriz C_4.

2º- Pasando por C_2 y C_3 (extremos del eje mejor) trazamos dos rectas que pasan por C_4. Con centros en C_2 y C_3 trazamos dos arcos con radio igual al diámetro del eje menor, encontrando sobre las rectas que pasan por C_4 los puntos T_1 y T_2.

3º- Con centro en C_4 y radio C_4T_2 trazamos un arco que enlaza los puntos T_1 y T_2.

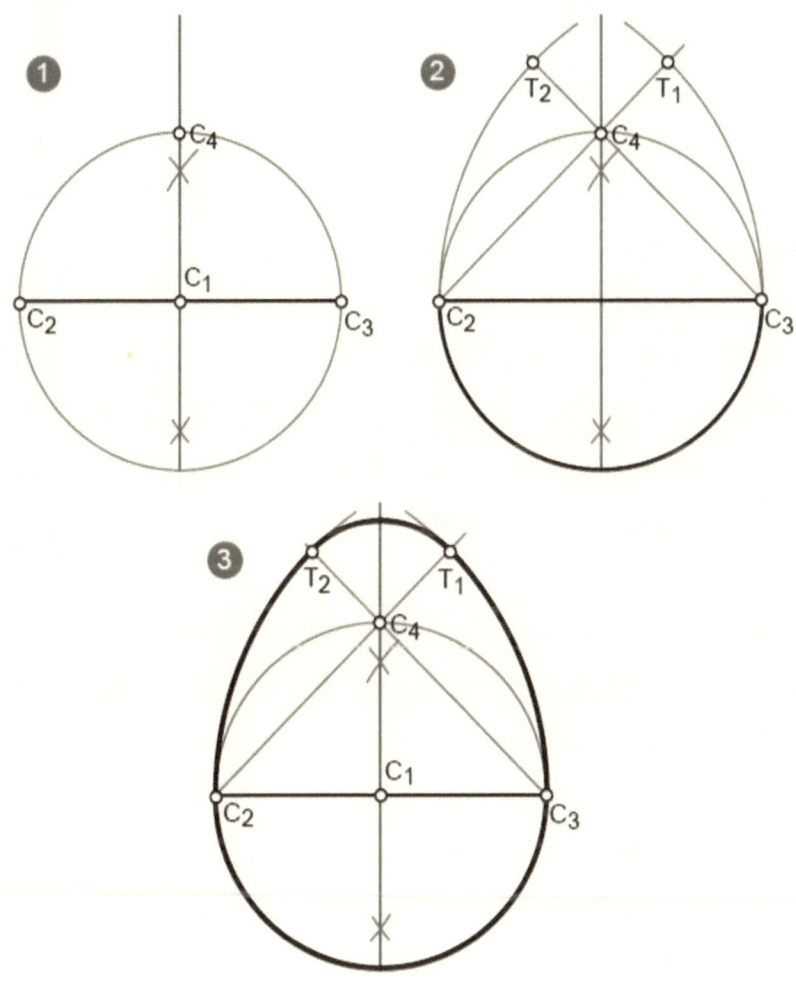

Dado el eje mayor construir un ovoide de 8 centros.

Procedimiento:

1º- Dividimos el eje mayor en 4 partes iguales. Con centro en las tres secciones, no extremos, del eje trazamos cuatro circunferencias de radio igual a la cuarta parte del eje.

Con centros en las dos intersecciones que se producen entre las dos circunferencias de la parte media trazamos otras dos circunferencias del mismo radio (una a cada lado) fig. 1.

2º- En este paso se puede observar como trazando algunos segmentos que unen centros e intersecciones se remarcan los centros del ovoide a trazar.

3º- Uniendo C_1 con C_2 y $C_{2'}$, obtenemos los puntos t_1 y $t_{1'}$ sobre la circunferencia superior, ya trazada.

4º. Trazamos los arcos con centro en los C_2 y radios hasta los t_2 a los lados opuestos del eje mayor. Unimos los C_2 con los C_3 con los C_4 obtenemos los t_2 sobre los arcos trazados en este paso.

5º- Con centros en C_3 y radios hasta los t_2 del otro lado del eje mayor trazamos los arcos. Uniendo los C_4 con C_5 obtenemos los t_3.

6º- Con centros en los c_4 y radio hasta los t_3 al otro lado del eje, trazamos dos arcos. Uniendo los c_4 con c_5 encontramos sobre esos arcos los t_4.

7º- Con centro en c_5 y radio hasta cualquiera de los t_4 trazamos el arco que cierra el ovoide.

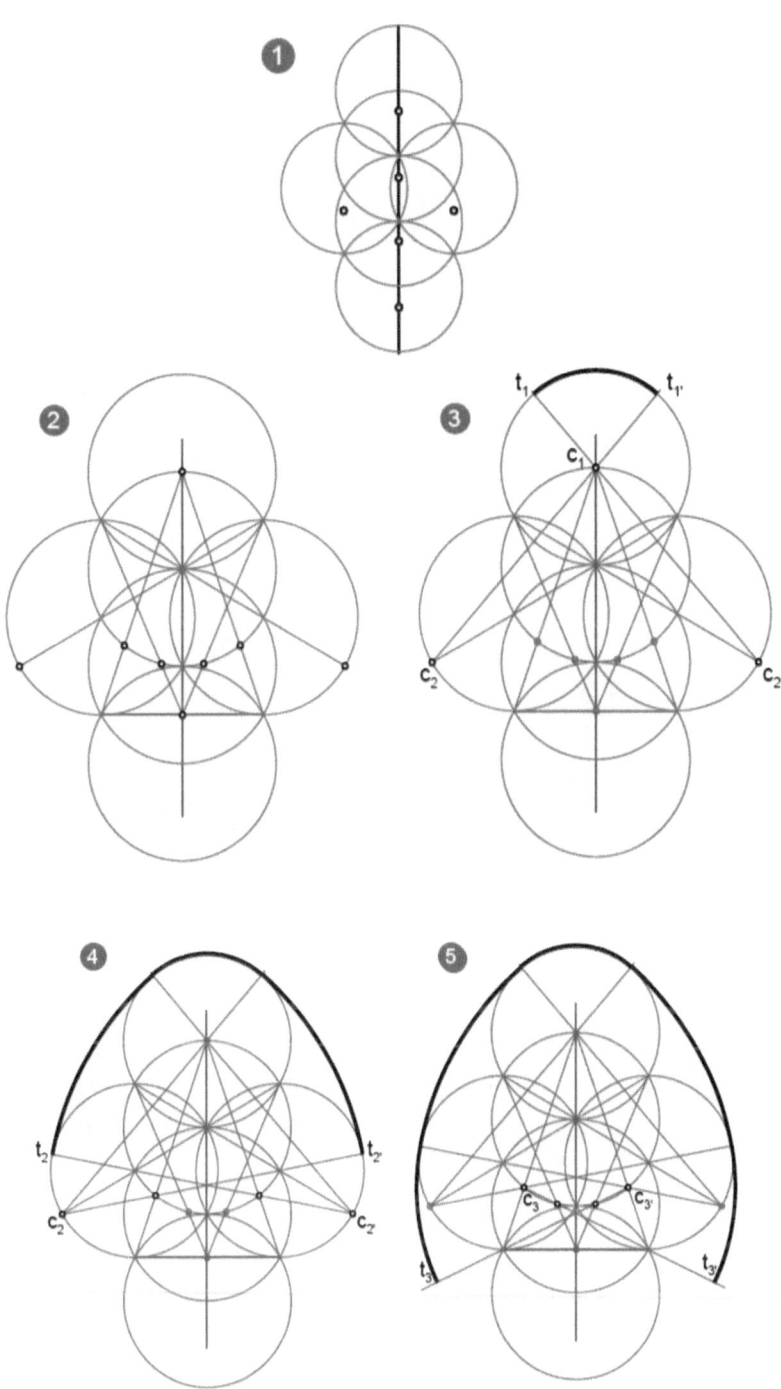

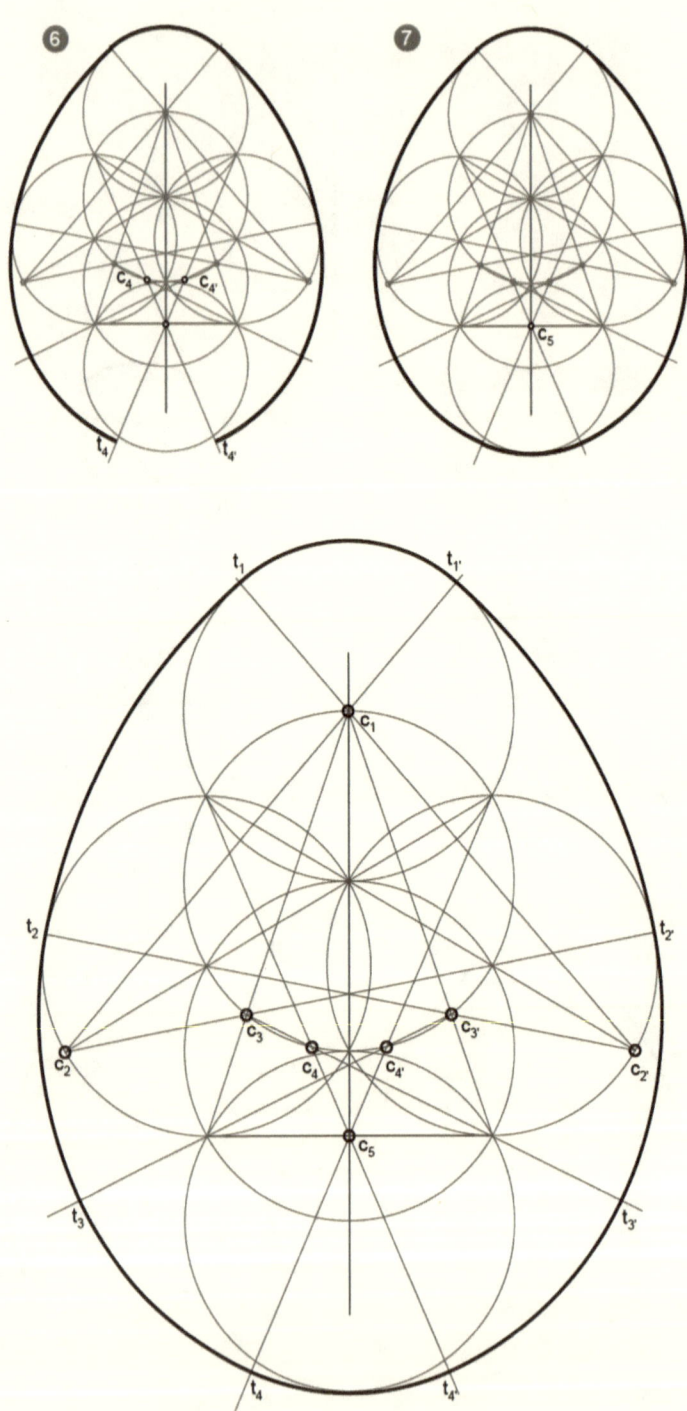

9. CURVAS CÓNICAS

Definición:

Se denomina superficie cónica de revolución, a la superficie generada por una recta denominada generatriz, al girar en torno a otra recta denominada eje. El punto donde la generatriz corta al eje se denomina vértice V de la superficie cónica.

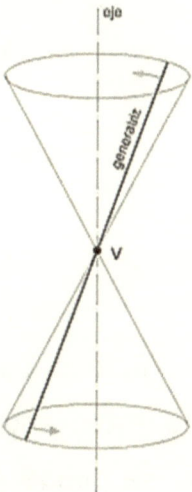

Si un plano a, intercepta a una superficie cónica de revolución, la sección producida se denomina superficie cónica, y su contorno es una curva plana de segundo grado. Las curvas cónicas propiamente dichas son tres:

Elipse, Parábola e Hipérbola

La Elipse. se genera cuando el plano a es oblicuo respecto al eje, y corta a todas las generatrices.

La Parábola. Se genera cuando el plano a es paralelo a una generatriz.

La Hipérbola. Se genera cuando el plano a es paralelo a dos generatrices. Por cuestiones didácticas y de mejor comprensión, se suele representar utilizando un plano a paralelo al eje de la superficie cónica de revolución.

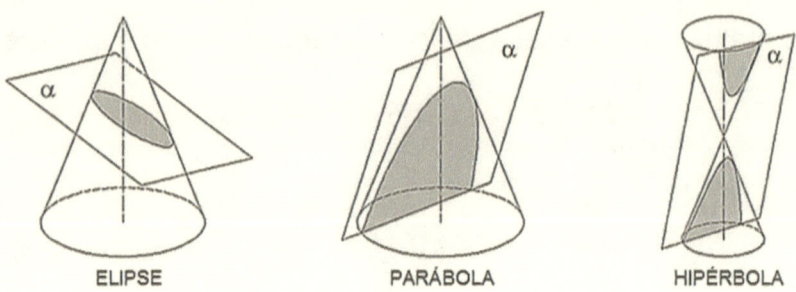

| ELIPSE | PARÁBOLA | HIPÉRBOLA |

Al interceptar una superficie cónica de revolución con un plano, podemos contemplar dos ángulos, el *(α)* formado por el eje y la generatriz, y el *(β)* formado por el eje y el plano de corte. La relación entre estos ángulos determina el tipo cónica generada, como se puede apreciar en las figuras siguientes.

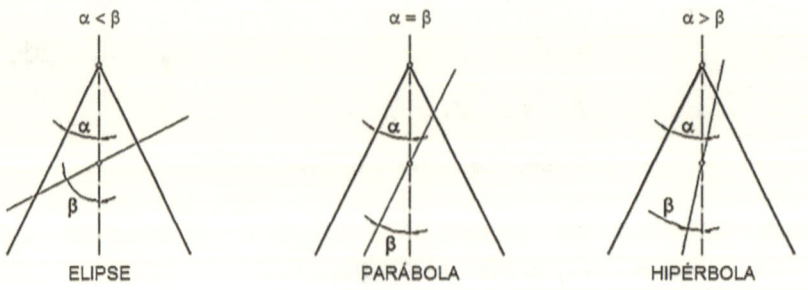

| ELIPSE | PARÁBOLA | HIPÉRBOLA |

Cónicas singulares o degeneradas

En función de la posición del plano de corte y las propiedades del cono, se pueden obtener otras curvas cónicas que se denominan singulares o degeneradas.

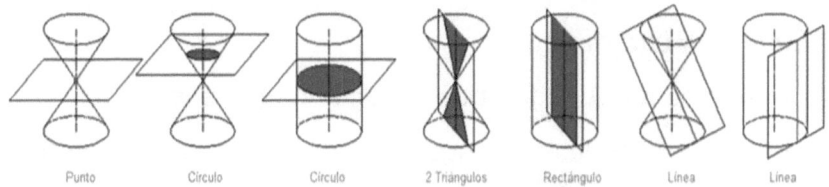

| Punto | Círculo | Círculo | 2 Triángulos | Rectángulo | Línea | Línea |

Teorema de Dandelín

Según el teorema de Dandelín, si trazamos las esferas tangentes interiores a la superficie cónica de revolución y al plano el a que la corta, los puntos de intersección f y f' de dicha esfera con la recta r, eje de las curvas cónicas, son los denominados focos de las curvas.

Mientras en la elipse y en la hipérbola hay dos focos, en la parábola solo tendremos uno.

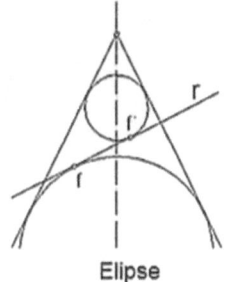

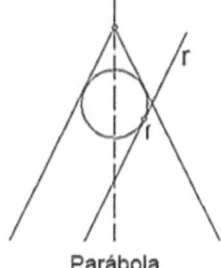

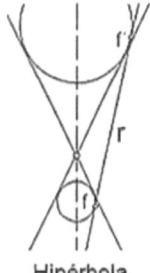

Elipse   Parábola   Hipérbola

Construcción de la Elipse

La elipse es el lugar geométrico de los puntos del plano cuya suma de radios vectores (distancias desde la elipse a los dos focos) es constante e igual al eje mayor.

Elementos paramétricos:

Son las tres magnitudes que caracterizan la elipse.

1. Eje mayor AB: llamado real o principal. Es eje de simetría.

2. Eje menor CD: llamado imaginario o secundario. También es eje de simetría.

Ambos son perpendiculares entre sí cortándose en sus puntos medios.

3. Focos F, F': Puntos fijos sobre el eje mayor, de referencia de distancias.

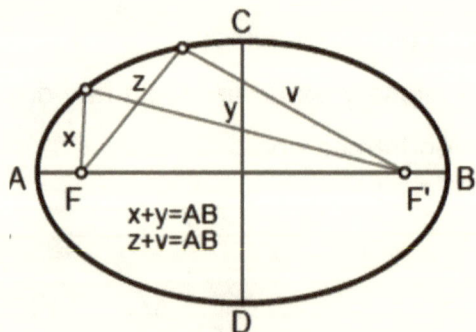

Trazado de la elipse por puntos.

1º- Marcamos un punto arbitrario (1) sobre el eje mayor. Con centro en F y radio a1 trazamos un arco en el primer cuadrante de la elipse y con centro en F' y radio a'1 trazamos otro arco también en el primer cuadrante. El punto dónde se cortan ambos arcos pertenece a la elipse ya que se cumple a1+a'1=aa'.

2º- Con los mismos radios y los mismos centros podemos obtener el punto simétrico en el tercer cuadrante.

3º- Con los mismos radios pero invirtiendo los centros hallamos los puntos simétricos respecto a eje menor a los otros dos.

4º- Marcamos otro punto (2) sobre el eje mayor y repetimos la operación de los pasos 2º y 3º, así obtenemos otros cuatro puntos de la elipse.

5º- Marcamos un tercer punto y repetimos de nuevo la operación de los pasos 2º y 3º. Con 12 puntos podemos intuir el recorrido de la elipse, aunque podemos repetir la operación para conseguir más puntos.

6º- Unimos los puntos a mano alzada.

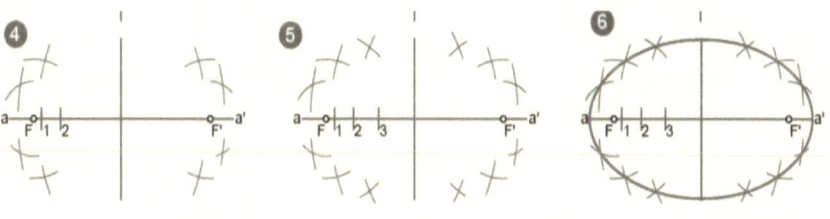

Trazado de la elipse mediante haces proyectivos.

Este método es práctico ya que puede ser empleado para trazar la elipse partiendo tanto de los diámetros conjugados como de los ejes. Lo primero que deberemos hacer es trazar la "caja" en la cual inscribiremos la elipse.

1°- Los extremos del diámetro mayor serán los centros de proyección A y B. Se elige un cuadrante para trabajar y se divide el semidiámetro menor en tantas partes como puntos de la elipse se pretendan para ese cuadrante.
Se divide en el mismo número de partes la paralela al diámetro mayor correspondiente al cuadrante. Se numeran las divisiones de mayor a menor comenzando por el extremo del diámetro menor.

2°- Desde A se lanzan haces a los puntos del diámetro menor y desde B a los de la paralela al diámetro mayor. Los puntos 1-1', 2-2' y 3-3' son puntos de la elipse.

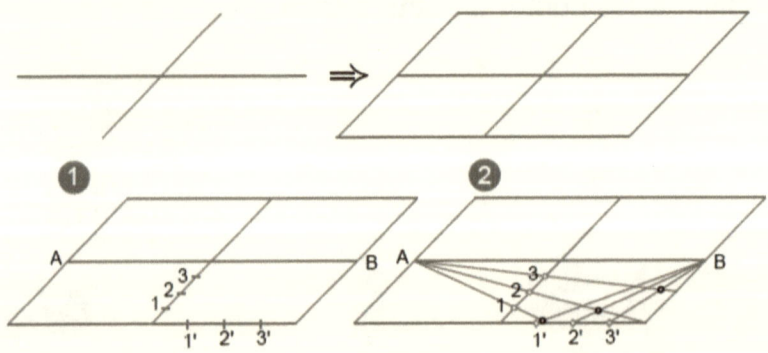

3º- Se repite el método en los otros tres cuadrantes.

4º- Se traza a mano alzada la elipse pasando por los puntos obtenidos.

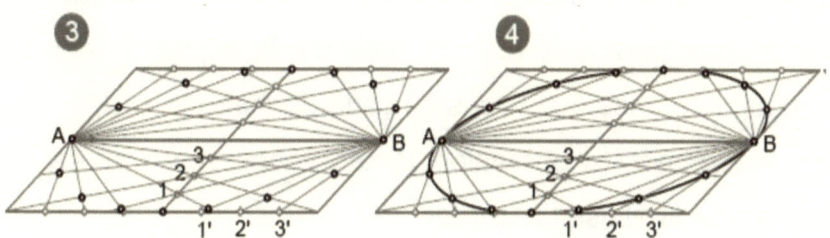

NOTA: El tercer paso se puede conseguir igualmente mediante afinidades para cuadrantes contiguos y simetrías radiales para cuadrantes opuestos.

Construcción de la elipse por afinidad dados los ejes.

1º- Trazamos dos circunferencias con diámetro el eje mayor y el eje menor.

2º- Los extremos de los ejes mayor y menor son puntos pertenecientes a la elipse.

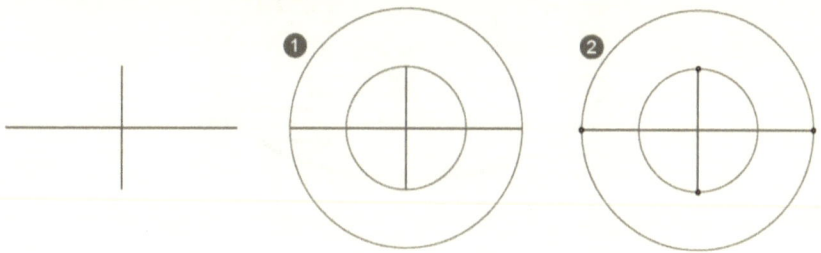

3º- Trazamos un diámetro que corta a ambas circunferencias trazadas. A partir del punto de intersección de diámetro con la circunferencia menor trazamos una paralela al eje mayor, a partir de la intersección con la circunferencia mayor trazamos una paralela al eje menor. El punto de intersección de ambas paralelas es un punto de la elipse. Podemos repetir este paso dos veces en cada diámetro.

4º- Repetimos la operación tantas veces como pares de puntos de la elipse queramos.

5º- Unimos a mano alzada los puntos hallados.

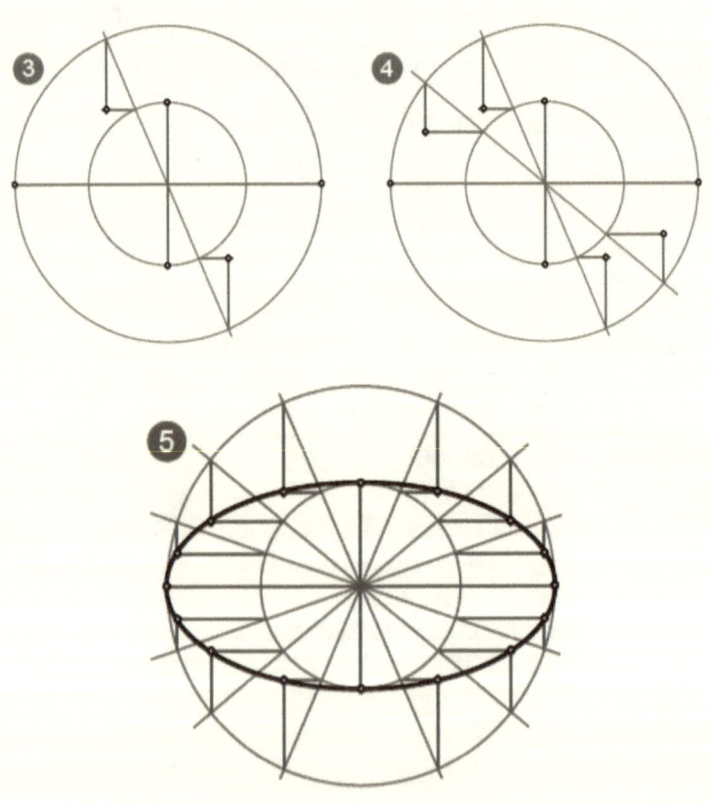

Construcción de la Parábola

La parábola es el lugar geométrico de los puntos del plano que equidistan de un punto fijo llamado foco y una recta llamada directriz.

Elementos paramétricos: Llamamos así a los tres elementos que intervienen directamente en la determinación de su parámetro: elemento dado, en magnitud y posición, con el que queda determinada una parábola.

1. *Foco F*: punto de tangencia de la esfera (tangente al cono) con el plano secante.

2. *Directriz d*: recta intersección del plano X con el plano secante. Perpendicular al eje de simetría.

3. *Vértice A*: Vértice extremo del eje, y por tanto de la curva. Se encuentra en el punto medio entre el foco y la directriz.

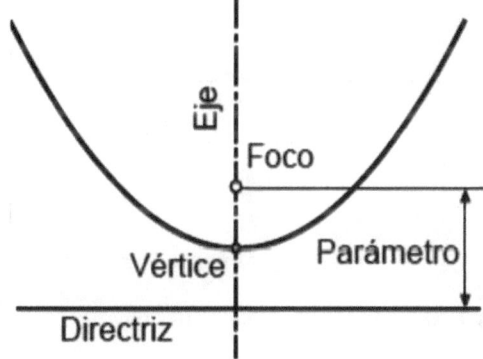

Como en la elipse se cumplen las siguientes condiciones con respecto a las rectas tangentes.

Directriz (Cir. Focal): Es una recta, perpendicular al eje de la parábola que se encuentra a la misma distancia del vértice que este del foco. La directriz es la circunferencia focal de la parábola .Es el Lugar Geométrico de los puntos simétricos del foco, respecto de las rectas tangentes a la elipse.

La circunferencia principal (CP): En la parábola es la recta paralela a la directriz que pasa por el vértice.

Es el Lugar Geométrico de los puntos de intersección de las tangentes a la elipse con las perpendiculares trazadas desde el foco a cada una de esas tangentes. O también, el lugar geométrico de las proyecciones (perpendiculares) de los focos sobre las rectas tangentes a la cónica.

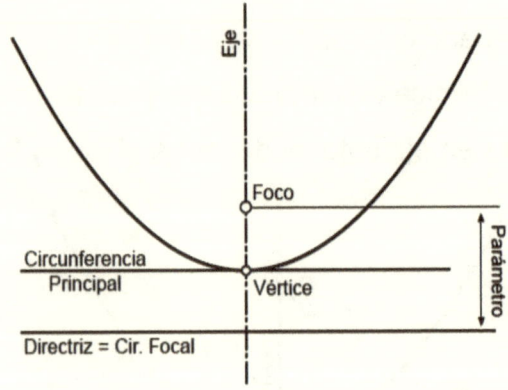

Trazado de la parábola dado el foco y la directriz:

1º- Trazamos una paralela a la directriz a una distancia d. Con centro en F trazamos un arco de radio d que corta a la paralela en dos puntos pertenecientes a la parábola.

2º- Repetimos este procedimiento tantas veces como pares de puntos simétricos deseemos obtener.

3°- Por último unimos los puntos obtenidos para obtener la parábola.

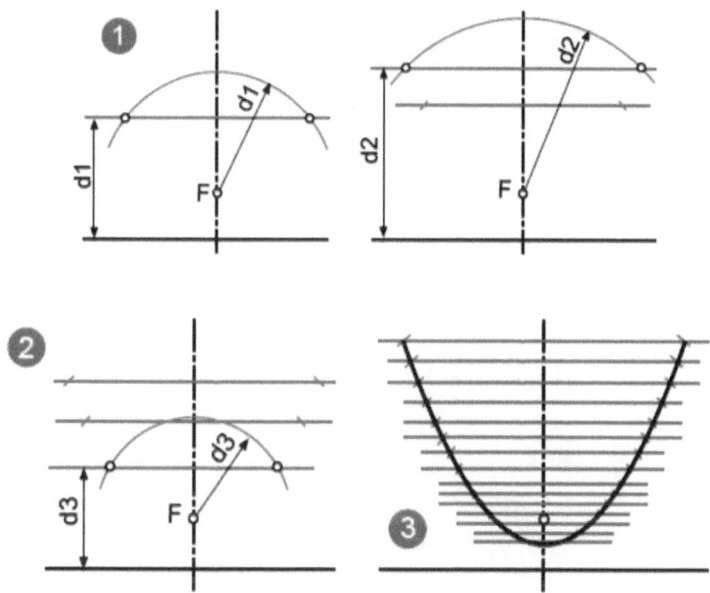

Trazado de la parábola dado el eje de simetría, el vértice V y un punto P de la misma: "Método de los haces proyectivos".

1°- Trazamos una perpendicular al eje de simetría por V (circunferencia principal). Hallamos P' y desde P y P' trazamos perpendiculares a la circunferencia principal encontrando M y M'. Dividimos los segmentos P'M' y PM en partes iguales (5 en este caso) y hacemos lo mismo con los segmentos VM y VM'.

2°- Unimos V con 4' y a partir de la 4ª división del segmento VM' trazamos la intersección de ambas rectas es un punto perteneciente a la parábola.

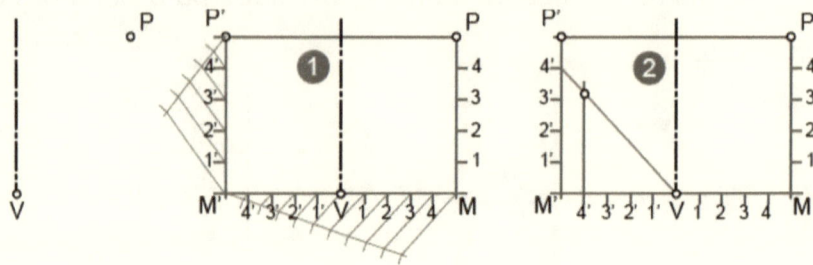

3º- Repetimos la operación con el resto de divisiones de los segmentos.

4º- Trazamos la parábola.

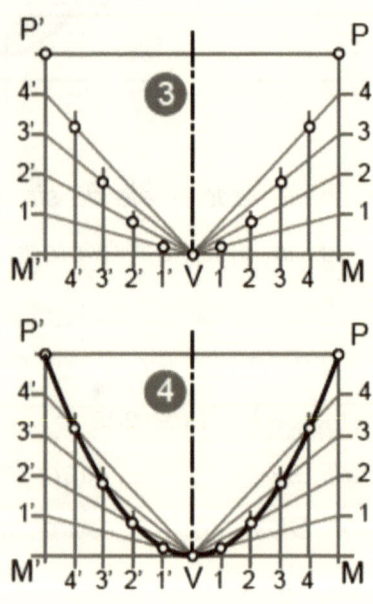

192

Trazado de la parábola dado el foco y el vértice:

Trazado por envolventes.

1°- Trazamos la circunferencia principal (perpendicular por el vértice). Partiendo del foco trazamos una recta que corta a la circunferencia principal en un punto a partir del cual trazamos una perpendicular a la recta Fp.

2°- Repetimos la operación.

3°- Las tangentes a la parábola van describiendo la curva. Con este método no conseguimos puntos exactos de la curva sino una aproximación a su forma.

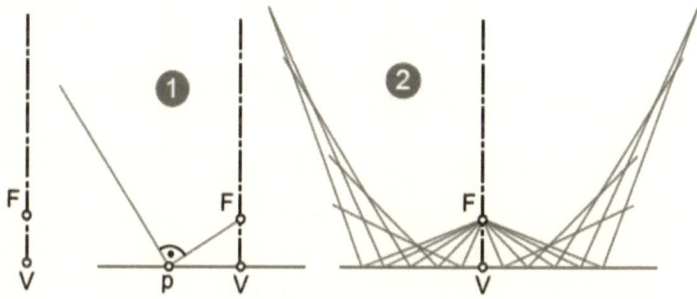

Trazado de la parábola dado el foco y la directriz:

Esta construcción se basa en la definición de la parábola, como el lugar geométrico de los centros de circunferencia que pasan por el foco F, y son tangentes a la circunferencia focal.

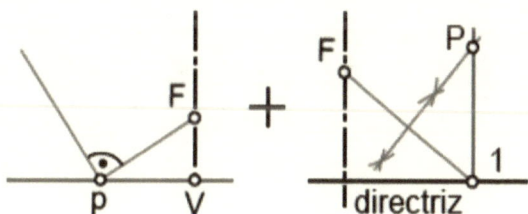

1º- Trazamos la directriz y la recta- circunferencia principal. Partiendo del foco trazamos una recta que corta a la circunferencia principal en 1 y a la directriz en 1'.

2º- A partir de 1 trazamos una perpendicular a la recta F1' y a partir de 1' una perpendicular a la directriz. La intersección de ambas perpendiculares es un punto perteneciente a la parábola.

3º- Repetimos estos pasos tantas veces como puntos de la parábola necesitemos.

4º- Trazamos la parábola.

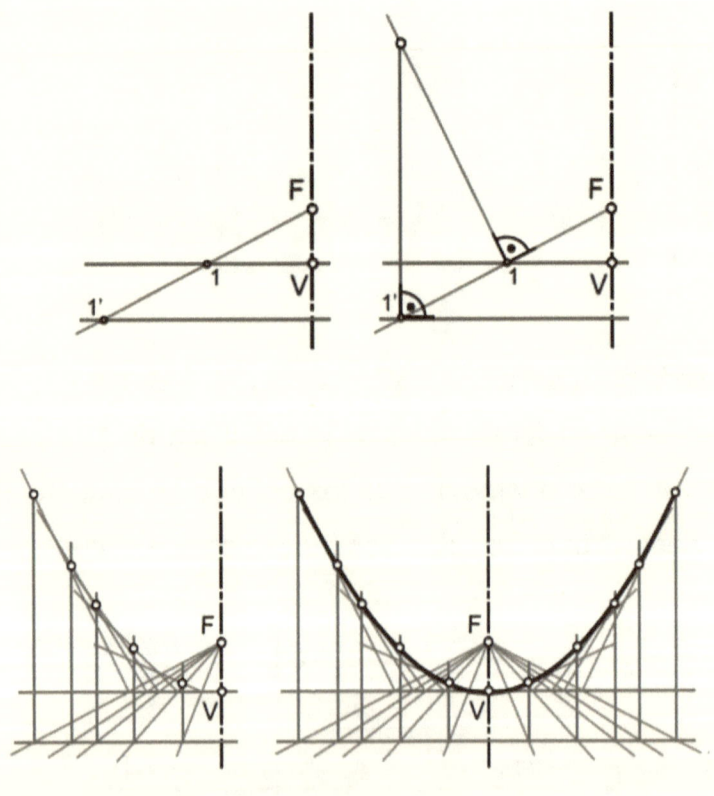

Construcción de la hipérbola

"la hipérbola es el lugar geométrico de los puntos del plano cuya diferencia de distancias a dos puntos fijos llamados focos es constante e igual a la distancia entre ellos".

Elementos paramétricos

Son las tres magnitudes que caracterizan la hipérbola.

1. Eje real AA': o principal. Se representa por 2ª.

2. Eje imaginario CD: o secundario. Se representa por 2b. Ambos son perpendiculares entre sí.

3. Focos: puntos fijos sobre el eje AA', de referencia de distancias.

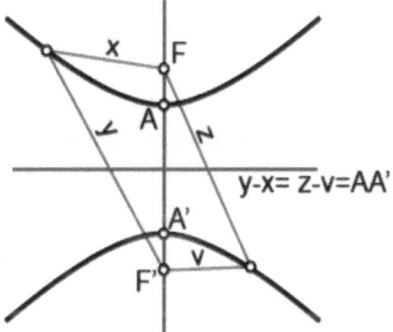

Trazado de la hipérbola dados los focos F y F' y Los vértices A y A':

1º- Tomamos un punto sobre el eje FF'. Con centro en F y radio A1 trazamos un arco y con centro en F' y radio A'1 trazamos otro arco, los dos puntos de intersección de los arcos son puntos de la hipérbola.

2º- Repetimos este procedimiento tantas veces como pares de puntos simétricos deseemos obtener.

3º- Si tomando los mismos radios invertimos los centros (radio A1 con centro en F' y radio A'1 con centro en F, etc. Obtendremos los puntos simétricos de la otra rama.

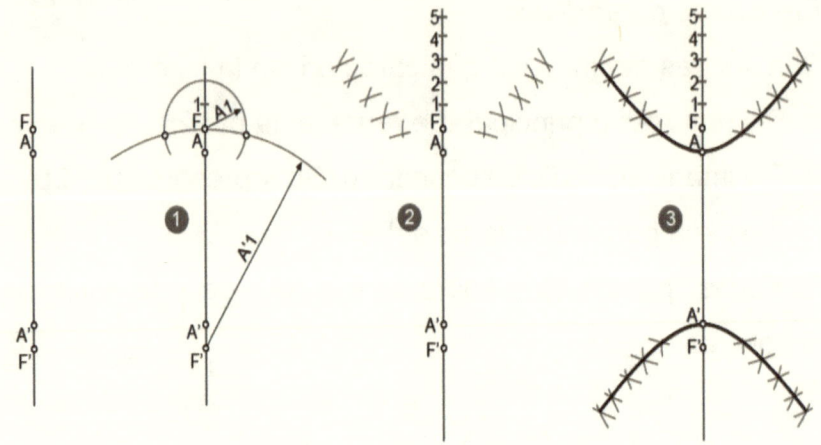

Trazado de la hipérbola dadas las Asíntotas y un punto P perteneciente a ella:

1º- Hacemos la bisectriz del ángulo que producen las asíntotas.

2º- Trazamos una recta que pasa por P corta a las asíntotas en A y B. A partir de B copiamos la distancia AP obteniendo P1.

3º- Repetimos este procedimiento tantas veces como pares de puntos simétricos deseemos obtener.

4º- Empleando la bisectriz como eje de simetría trazamos los puntos simétricos de los obtenidos.

196

5º- Trazamos la hipérbola uniendo los puntos obtenidos.

6º- Podemos Trazar la perpendicular a la bisectriz trazada por el punto de intersección de las asíntotas para emplearlo como eje de simetría y trazar la rama de la hipérbola.

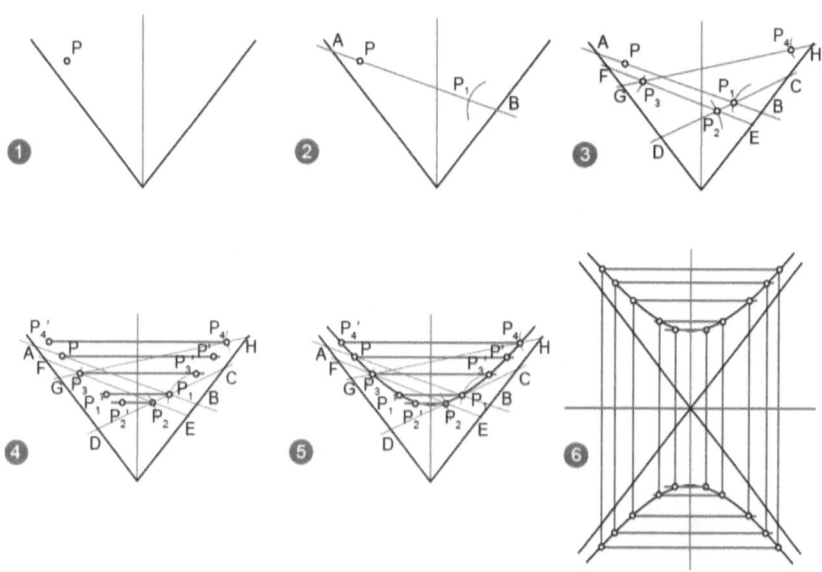

Trazado de la tangente a la hipérbola por un punto P exterior a esta dada la hipérbola, (los focos F y F' y los vértices) y el punto P:

1º- Trazamos la circunferencia con centro en P y radio PF. Trazamos la circunferencia focal de F' (radio AA'). Los puntos de intersección de ambas circunferencias son F1 y F2.

2º- La mediatriz del segmento FF1 es una de las tangentes buscadas. La recta que pasa por F' y F1 corta a la hipérbola en el punto de tangencia.

3º- La mediatriz de FF2 es la otra tangente buscada. La recta que pasa por F' y F2 corta a la hipérbola en el punto de tangencia.

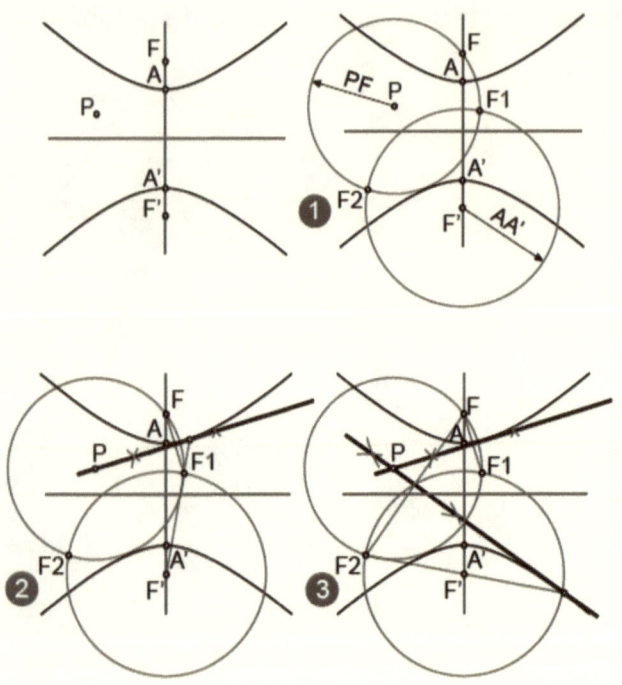

El cono de Apolonio

Apolonio de Perga nació en el año 262 a.C., en Panfilia (la actual Antalya, Turquía), estudió en el Museo de Alejandría con los discípulos de Euclides, y residió tanto en Alejandría como en Éfeso y Pérgamo. Esta última poseía una Biblioteca y una Escuela del Saber, similares a las de Alejandría, ciudad donde murió el año 190 a.C. Entre sus muchas obras la más conocida es "Las Cónicas", obra cumbre de la matemática griega junto con "Los elementos", de Euclides, los grandes tratados de Arquímedes, el "Almagesto", de Ptolomeo, etc. Apolonio demostró en sus "Cónicas" que de un cono pueden obtenerse cuatro tipos de secciones, variando la inclinación del plano que corta al cono; esta demostración supuso un paso importante en el proceso de unificar el estudio de los diferentes tipos de curvas, y esta importancia se reveló casi 2000 años después cuando Kepler o Newton descubrieron el papel fundamental de la mecánica celeste. Si en muchos aspectos hay que conceder a Apolonio el valor de pionero, entre todos ellos hay que destacar su papel trascendental en el advenimiento de la revolución científica a partir del Renacimiento.

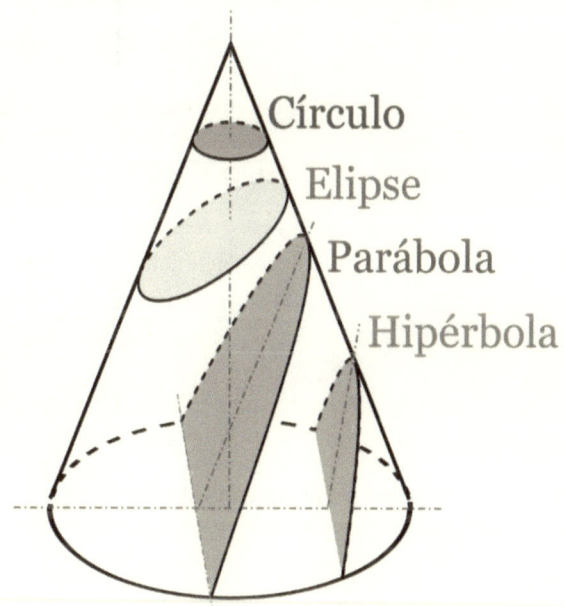

Tambien observamos, esta vez solo en proyecciones, las cuatro curvas cónicas producidas.

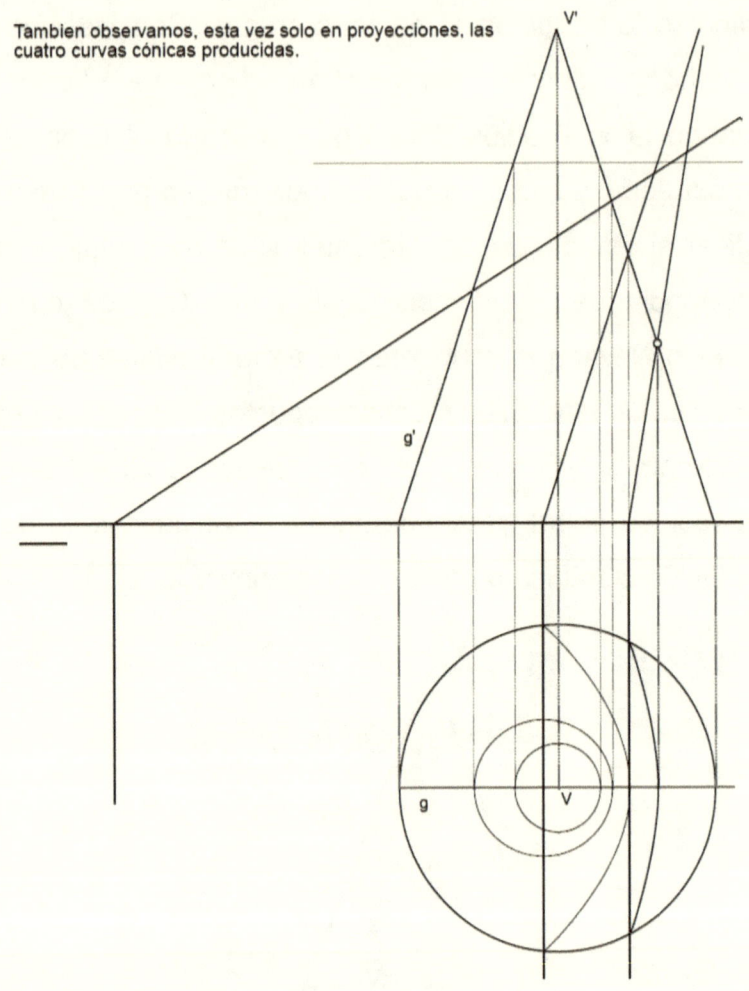

Proyección del cono de Apolonio

10. ESPIRAL Y CICLOIDE

Espiral

Una espiral es una curva abierta y plana que da vueltas alrededor de un punto alejándose de él.

El paso de la espiral es la distancia entre dos vueltas o espiras consecutivas.

A las espirales también se les denomina volutas, aunque una voluta también podría llamarse espiral poligonal. Una espiral poligonal es una curva formada por arcos tangentes interiores entre sí con centros en los vértices de un polígono.

Trazado de una espiral de dos centros

Sobre una recta situamos los dos centros a la distancia deseada.

1º- Con centro en 1 y radio 1-2 trazamos una semicircunferencia que nos da el punto 3.

2º- Con centro en 2 y radio 2-3 trazamos una semicircunferencia, en el lado opuesto a la primera. Obtenemos el punto 4.

3º- Con centro en 1, de nuevo, trazamos una semicircunferencia de radio 1-4, obteniendo el punto 5. Se trata de alternar los centros uno y dos, trazando semicircunferencias, siempre en el mismo lado para cada centro y abriendo el compás el radio máximo posible en cada paso.

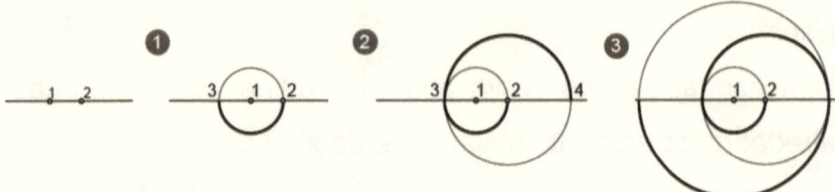

Trazado de una espiral de tres centros situados en los vértices de un triángulo equilátero:

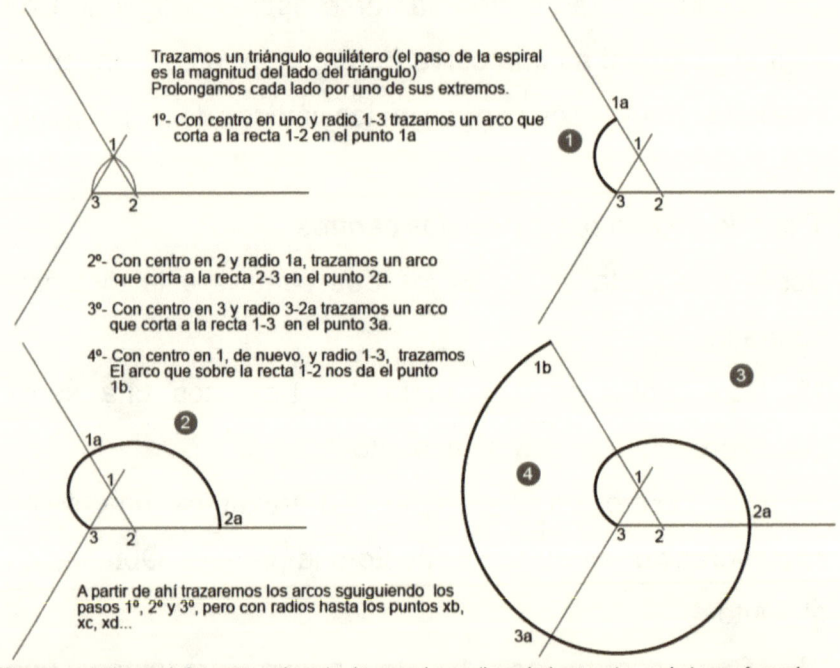

Trazamos un triángulo equilátero (el paso de la espiral es la magnitud del lado del triángulo)
Prolongamos cada lado por uno de sus extremos.

1º- Con centro en uno y radio 1-3 trazamos un arco que corta a la recta 1-2 en el punto 1a

2º- Con centro en 2 y radio 1a, trazamos un arco que corta a la recta 2-3 en el punto 2a.

3º- Con centro en 3 y radio 3-2a trazamos un arco que corta a la recta 1-3 en el punto 3a.

4º- Con centro en 1, de nuevo, y radio 1-3, trazamos El arco que sobre la recta 1-2 nos da el punto 1b.

A partir de ahí trazaremos los arcos sguiguiendo los pasos 1º, 2º y 3º, pero con radios hasta los puntos xb, xc, xd...

Observar, en ambas espirales, como cada sector de arcos siempre tiene el mismo centro, es decir, para formar la espiral trazamos arcos concéntricos. El diametro o rádio de cada arco va incrementandose sucesivamente en función del paso y del nº de centros.

Demás espirales poligonales todas se trazan siguiendo el mismo procedimiento que la espiral de tres centros. En este página se muestran dos espirales de cuatro y de cinco centros pero se puede seguir aumentando el número de vértices.

Trazado de una espiral de cuatro centros situados en los vértices de un cuadrado:

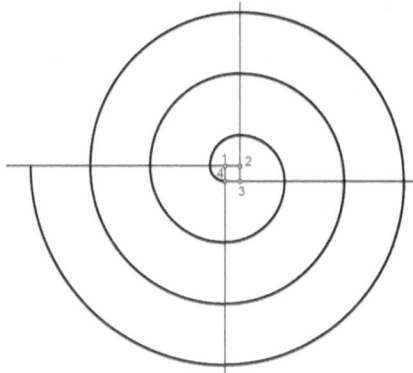

Trazado de una espiral de cinco centros situados en los vértices de un pentágono regular.

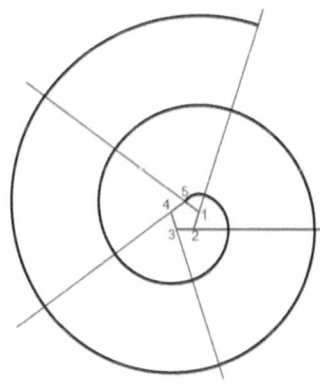

Trazado de la espiral de Durero

La espiral de Durero queda encajada en un rectángulo áureo, por lo que necesitamos recordar como trazar este rectángulo.

Partiendo de un cuadrado (el lado del cuadrado es el menor del rectángulo):

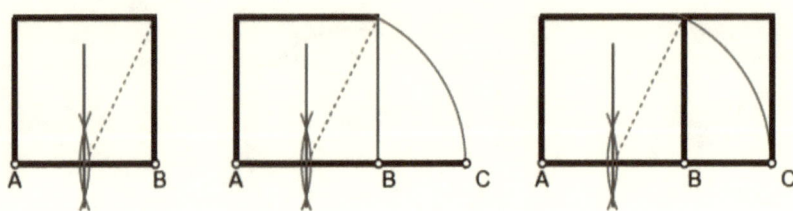

Partiendo de un segmento (el segmento es el lado mayor del rectángulo):

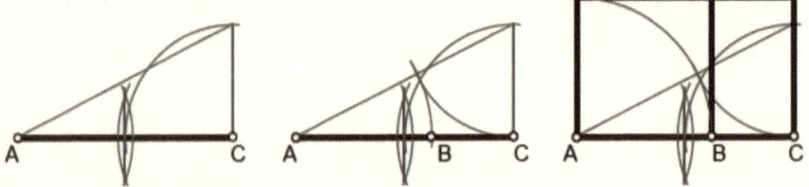

En cualquier caso finalmente obtenemos un rectángulo áureo que contiene un cuadrado y otro rectángulo áureo. Este rectángulo áureo más pequeño podemos dividirlo en otro cuadrado y otro rectángulo áureo menor. Este proceso podemos repetirlo cuantas veces deseemos o podamos. De igual modo podemos añadir al lado mayor un cuadrado para conseguir otro rectángulo áureo mayor sucesivamente.

Habiendo dividido el rectángulo de este modo, trazamos la espiral uniendo los vértices opuestos de cada cuadrado con arcos de circunferencia, con centro en otro de los vértices de cada cuadrado, de modo que los arcos sean enlaces de circunferencias tangentes interiores.

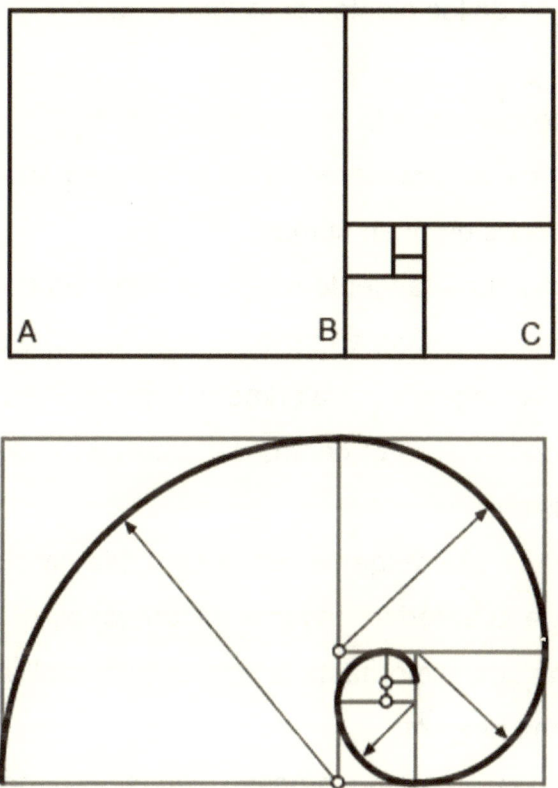

La evolvente del círculo o de la circunferencia.

Es la curva que genera un punto sobre una tangente a una circunferencia cuando la tangente rueda alrededor de la circunferencia manteniéndose siempre tangente a esta.

En el caso de que punto generador se sitúe en extremo de la tangente se denomina normal, siendo alargada o acortada si se toma un punto en la perpendicular a la tangente por el extremo por el exterior o el interior de esta.

La evolvente de un circunferencia se emplea en la construcción de los dientes de engranajes.

Trazado de la evolvente del círculo:

1º- Dividimos la circunferencia en un nº de partes iguales. Doce partes es un buen número.

2º- Trazamos una tangente a la circunferencia por la última división, prolongándola en sentido hacia la primera división. Trazamos la tangente por la primera división. El punto donde estas se cortan será el centro del arco con radio hasta la última división.

3º- Trazamos una tangente por la segunda división, donde esta corta a la anterior tangente encontramos el centro del nuevo arco con radio hasta la intersección del último arco con la última tangente.

4º- Seguimos el mismo proceso consecutivamente hasta completar la operación con todas las divisiones de la circunferencia.

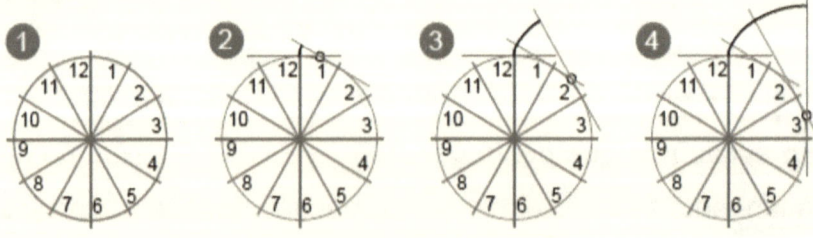

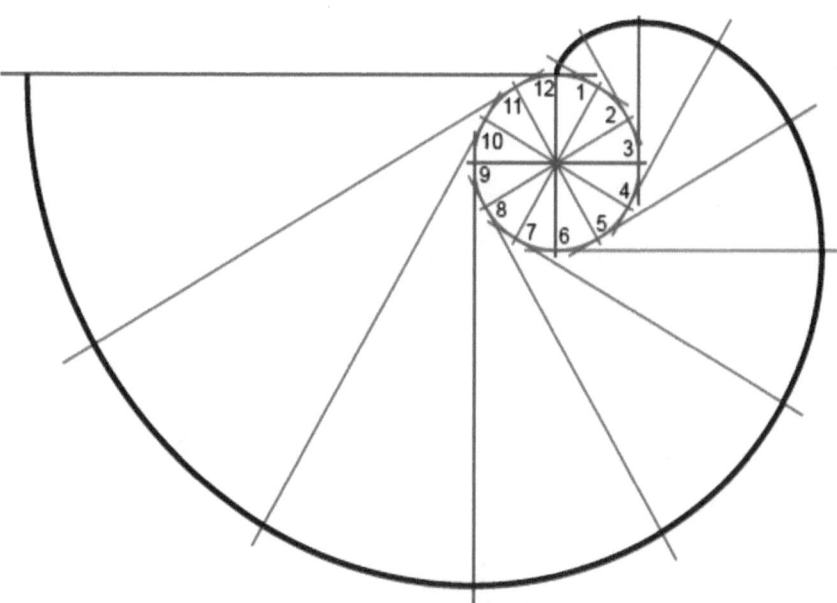

1°- Dividimos la circunferencia en un numero de partes iguales (en este caso la hemos dividido en doce partes iguales.

2°- Dividimos un radio en el mismo número de partes iguales. Este radio tendrá el n° de división n° 12 y en su extremo perteneciente a la circunferencia tendrá el último punto que obtengamos de la espiral. El radio sobre el que efectuamos se corresponde con la división de la circunferencia n° 12.

3°- Llevamos la distancia desde el centro de la circunferencia hasta la división del radio n°1 al radio divisor n°1.

4°- Llevamos la distancia desde el centro hasta la división del radio n°2 al radio divisor n° 2.

5º- Así procedemos sucesivamente con todos los radios divisores. Cada punto obtenido sobre las divisiones del círculo es un punto de la espiral que trazamos a mano alzada.

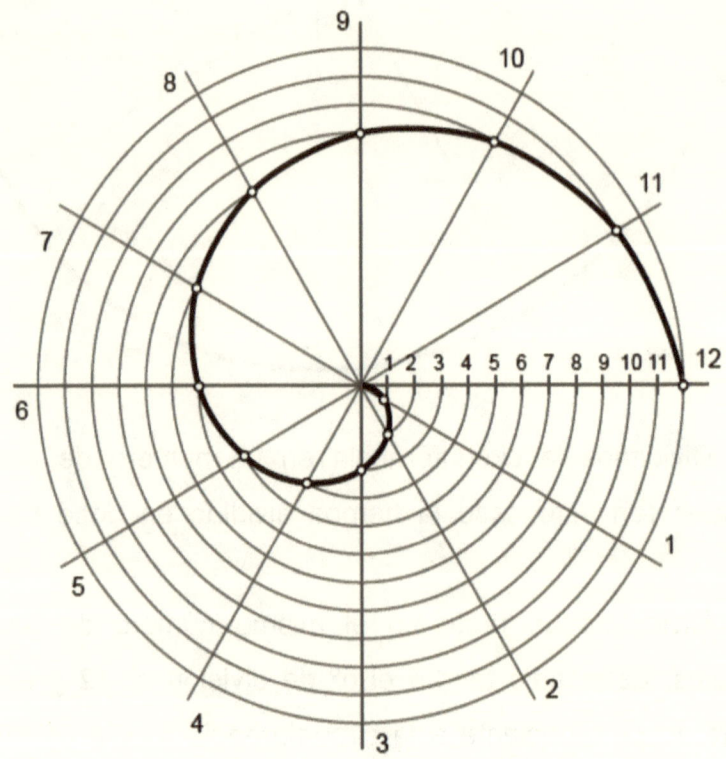

Cicloide

Es una curva generada por un punto perteneciente a una circunferencia generatriz al rodar sobre una línea recta directriz, sin deslizarse.

Construcción de la Cicloide

Trazar la curva que describe el punto fijo P sobre una circunferencia, a la que llamamos ruleta, al hacerla rodar sin deslizamiento sobre una recta.

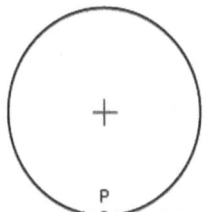

Lo primero que tenemos que hacer es hallar la rectificación de la circunferencia (extender el perímetro de la circunferencia sobre la recta dada). Podemos usar varios métodos. Nosotros vamos a sacar el diámetro de la circunferencia fuera de esta (para que no molesten sus trazados auxiliuares y dividirlo en 7 partes iguales. De modo que la rectificación se corresponde con 3 veces el diámetro más 1/7 parte de este.

Una vez rectificada la circunferencia, hemos de dividir esta en partes iguales haciendo coincidir el punto dado con una de las divisiones. Hemos dividido la circunferencia en 12 partes, pues es un número según el cual una circunferencia se puede dividir fácilmente (hexágonos regulares), pero podríamos haberlo hecho en 8 partes o en cualquier número par de partes. A más divisiones mayor número de puntos de la cicloide obtendremos. También hemos de dividir la rectificación en el mismo número de partes iguales. 12 partes es un buen número para dividir la circunferencia.

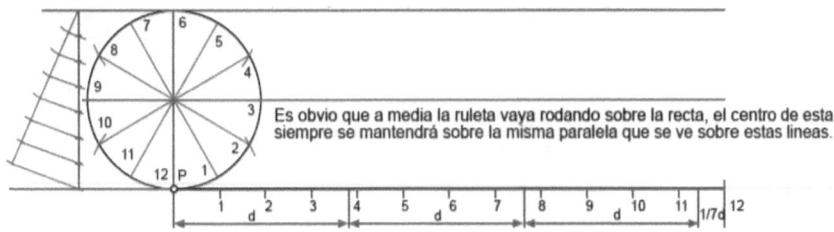

Es obvio que a media la ruleta vaya rodando sobre la recta, el centro de esta siempre se mantendrá sobre la misma paralela que se ve sobre estas lineas.

A continuación levantaremos perpendiculares a partir de cada una de las divisiones sobre la recta, para determinar las posiciones de los centros sobre la línea que los contiene y trazaremos paralelas a la rectificación por las divisiones de la circunferencia (exceptuando la división superior de esta y la propia rectificación, todas las paralelas contienen dos divisiones simétricas). Al hacer rodar la ruleta sobre la recta hasta situar su centro sobre la división nº 1 el punto fijo quedará elevado a la altura de la división de la ruleta original nº 11, podemos así marcar el punto. Al hacer rodar la ruleta sobre la recta hasta situar su centro sobre la división nº6 el punto fijo quedará en el extremo superior del diámetro vertical.

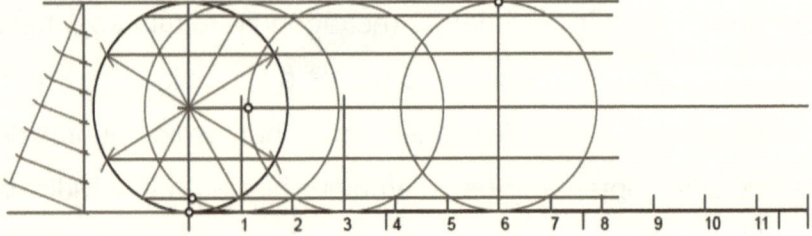

Arriba también observamos cómo hemos hecho rodar la ruleta hasta situar su centro sobre la división de la recta nº 3, quedando el punto fijo elevado a la altura de la división nº 9 de la ruleta original. En cualquier caso, si hacemos rodar la ruleta hasta alinear su centro sobre las divisiones de la recta, el punto fijo quedará siempre a una de las alturas marcadas con paralelas de las divisiones de la ruleta dada. Evidentemente a medida la ruleta va avanzando el punto fijo

210

va aumentando su altura hasta llegar a la división de la recta nº 6. A partir de este, al seguir la circunferencia rodando, la altura del punto fijo va decreciendo hasta volver a su cota inicial en la división de la recta nº 12, que es el extremo de la rectificación de la circunferencia. Aunque en la ilustración inferior hemos trazado las circunferencias completas, no es necesario hacerlo, pues tan solo trazando un arco que corte a la paralela correspondiente obtenemos el punto buscado en cada posición de la ruleta. La curva descrita desde que el punto fijo a la ruleta parte de la base hasta que vuelve encontrarse con ella se denomina ciclo. De este modo, en estas instrucciones, hemos dibujado la cicloide normal de UN CICLO. Dos ciclos supondrían una nueva vuelta al perímetro total de la ruleta rodando sobre la base.

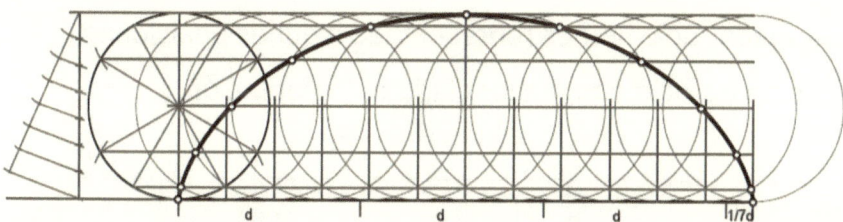

Curva que describe el punto fijo P en el interior una circunferencia, a la que llamamos ruleta, al hacerla rodar sin deslizamiento sobre una recta.

Aunque en la ilustración inferior hemos trazado las circunferencias completas, no es necesario hacerlo, pues tan solo trazando un arco que corte a la paralela correspondiente obtenemos el punto buscado en cada posición de la ruleta.

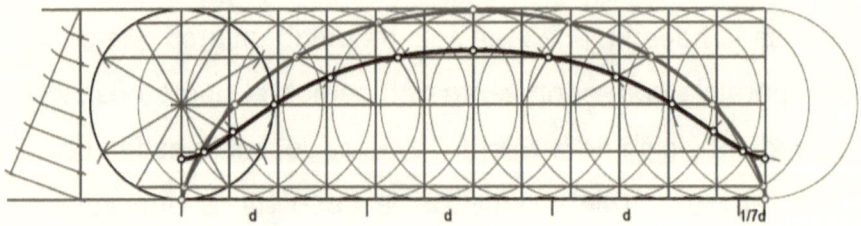

Cicloide alargada

En la siguiente ilustración mostramos como se han prolongado algunos radios y se les ha sumado la distancia pP para obtener los puntos que describirán la cicloide alargada. Solo hemos representado algunas posiciones para que se aprecie con mayor claridad la operación.

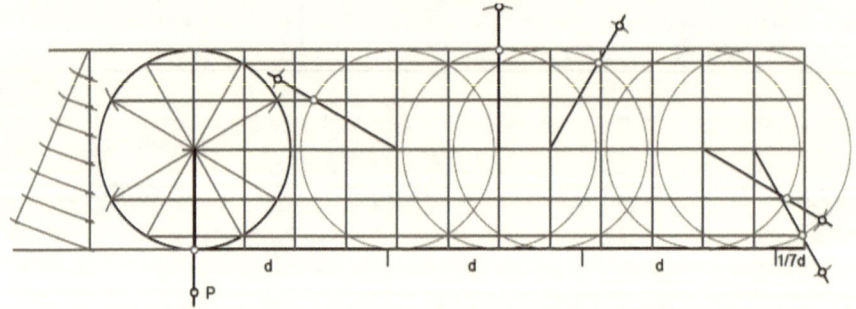

Esta operación se deberá aplicar a cada todos y cada uno de los puntos de la cicloide normal para obtener así la cicloide alargada.

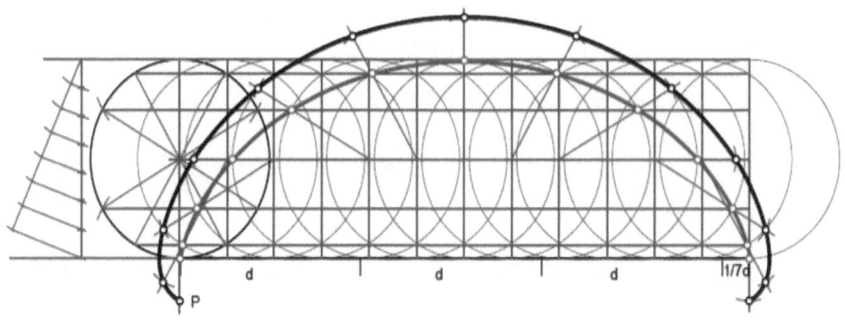

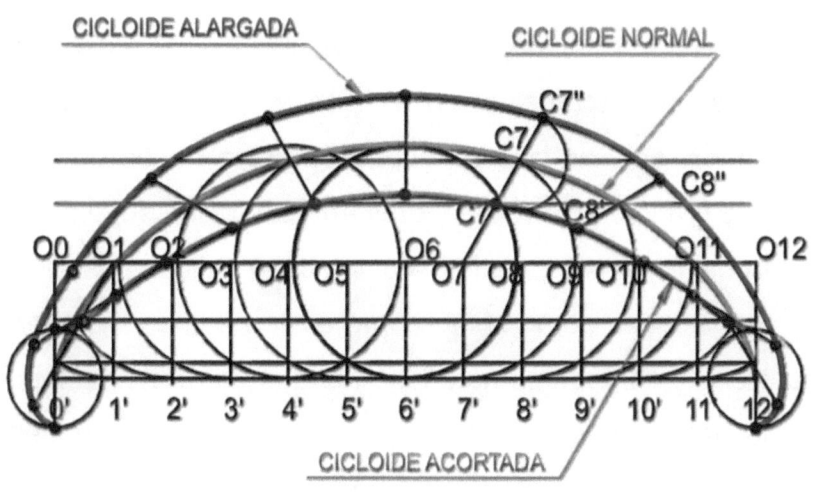

Cicloides

11. DISEÑO ASISTIDO POR ORDENADOR

El diseño asistido por computadora, más conocido por sus siglas inglesas CAD (computer-aided design), es el uso de un amplio rango de herramientas computacionales que asisten a ingenieros, arquitectos y diseñadores. El CAD es también utilizado en el marco de procesos de administración del ciclo de vida de productos (en inglés product lifecycle management).

También se puede llegar a encontrar denotado con las siglas CADD (computer-aided design and drafting), que significan «dibujo y diseño asistido por computadora».

Estas herramientas se pueden dividir básicamente en programas de dibujo 2D y de modelado 3D. Las herramientas de dibujo en 2D se basan en entidades geométricas vectoriales como puntos, líneas, arcos y polígonos, con las que se puede operar a través de una interfaz gráfica. Los modeladores en 3D añaden superficies y sólidos. El usuario puede asociar a cada entidad una serie de propiedades como color, capa, estilo de línea, nombre, definición geométrica, material, etc., que permiten manejar la información de forma lógica. Además se pueden renderizar los modelos 3D para obtener una previsualización realista del producto, aunque a menudo se prefiere exportar los modelos a programas especializados en visualización y animación, como Autodesk Maya, Bentley MicroStation, Softimage XSI o Autodesk 3ds Max y la alternativa libre y gratuita Blender, capaz de modelar, animar y realizar videojuegos.

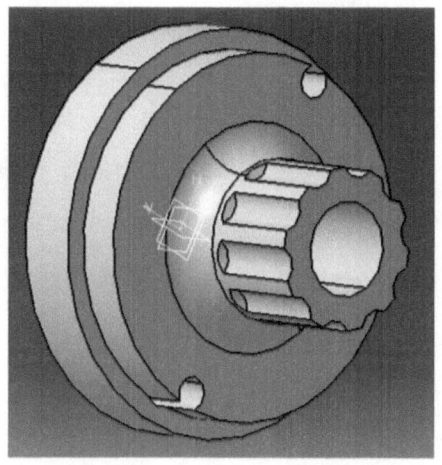

Pieza modelada en Software **CATIA**.

Elementos de los sistemas CAD

El proceso de diseño en CAD consiste en cuatro etapas:

Modelado geométrico. Se describe como forma matemática o analítica a un objeto físico, el diseñador construye un modelo geométrico emitiendo comandos que crean líneas, superficies, cuerpos, dimensiones y texto; los comandos introducidos dan a origen a una representación exacta en dos o tres dimensiones del objeto. El representado en línea abarca todas las aristas del modelo que se pueden considerar como líneas llenas dando como resultado una imagen ambigua ya que algunas veces las formas son complicadas y para facilitarlo se pueden usar los colores para distinguir las líneas de las piezas y tener una mejor visualización. Sus estructuras se representan en 2, 2 ½ y 3 dimensiones. Cuando hablamos de 2 ½ se utiliza la transformación de la extrusión (sweept), moviendo el objeto de 2-D a lo largo del eje z.1.

Análisis y optimización del diseño
Después de haber determinado las propiedades geométricas, se analiza el modelo virtual para rectificar que no haya errores en el modelado (dimensiones, formas, etc.).

Revisión y evaluación del diseño
En esta etapa se comprueba si existen interferencias entre componentes de cierto mecanismo que impidan su correcto funcionamiento o deficiencias estructurales en el caso de cuerpos sólidos. Esta etapa es de gran utilidad, ya que ayuda a evitar problemas posteriores en la producción del producto, ya sea en el ensamble o en el uso de la pieza. Existen programas de animación y simulación dinámica para el cálculo y análisis de las propiedades físicas (esfuerzos, deformaciones, deflexiones, vibraciones) de los objetos que ayudan a determinar si el objeto cumple con los requerimientos de diseño y de manufactura.

Documentación y dibujo (drafting)

Por último, en esta etapa se realizan planos técnicos y de trabajo. Se representan diferentes vistas de la pieza, a escala, incluyendo perspectivas. Además de planos del diseño la documentación puede incluir una memoria descriptiva con aspectos no gráficos que sean necesarios para su manufactura, esta clase de datos se suelen agregar en el pie de plano.

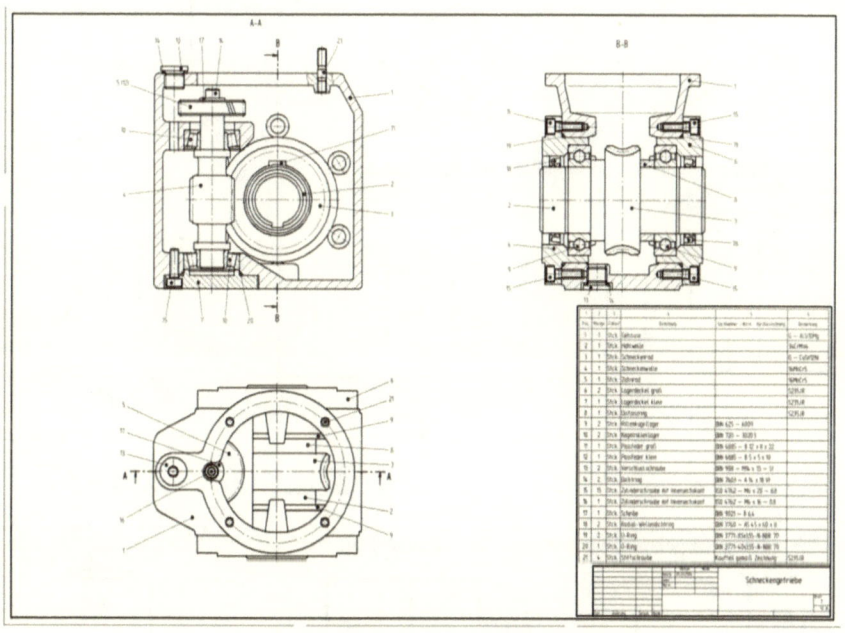

Dibujo realizado con software **CAD**.

EJERCICIOS de AUTOEVALUACIÓN

1. Dibuja el alzado, la planta y el perfil derecho de las siguientes piezas dibujadas en perspectiva cabellera

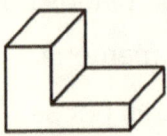 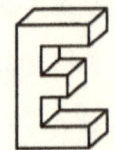 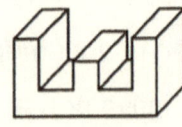

2. Dibuja el alzado, la planta y el perfil derecho de las siguientes piezas dibujadas en perspectiva isométrica

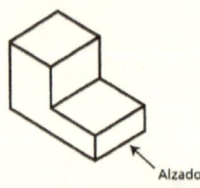 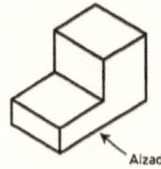 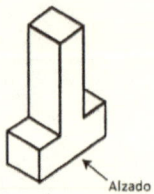

3. Dibuja en perspectiva caballera las siguientes piezas

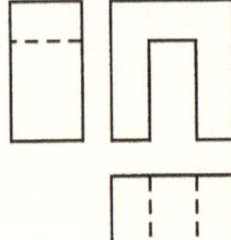 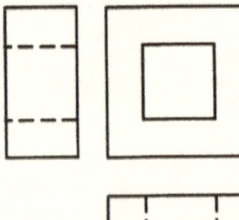 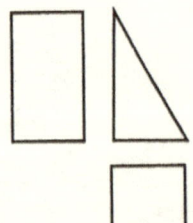

3. Dibuja en perspectiva isométrica las siguientes piezas

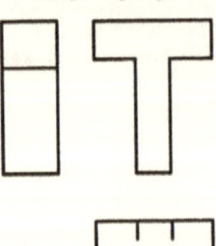 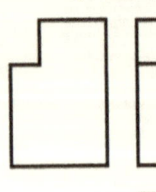 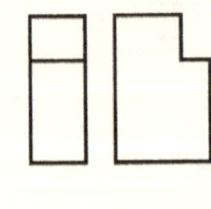

 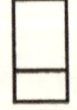 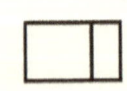

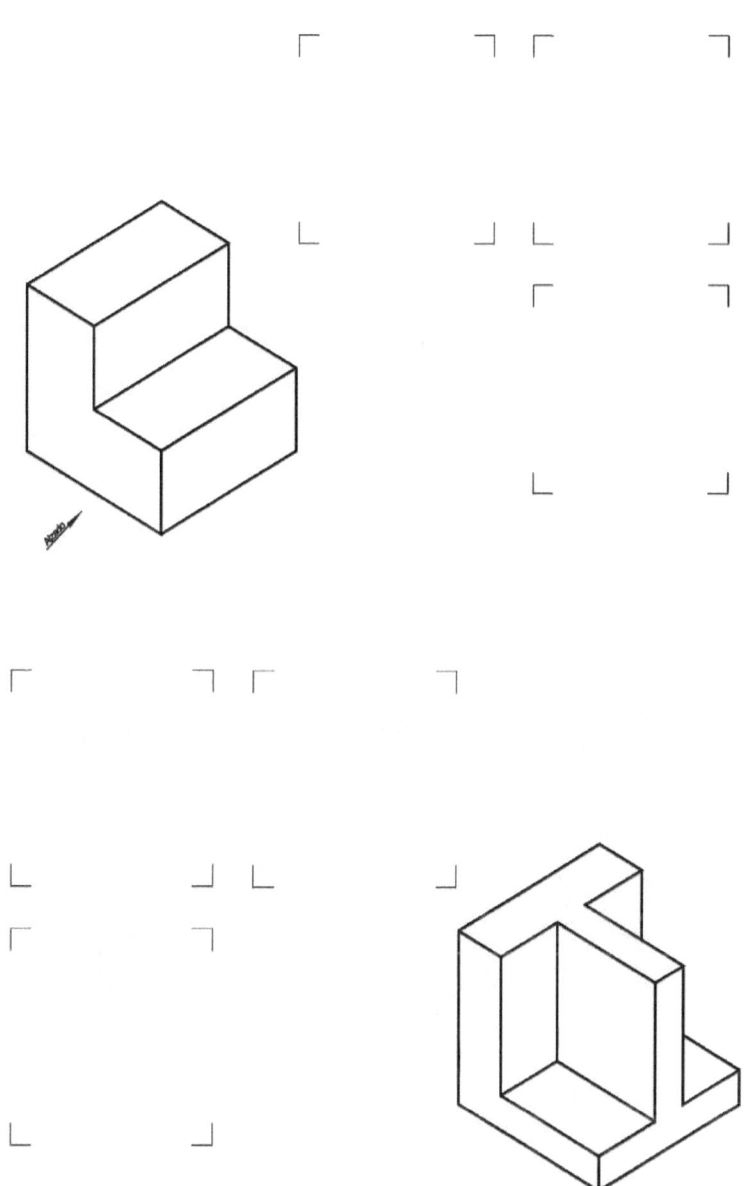

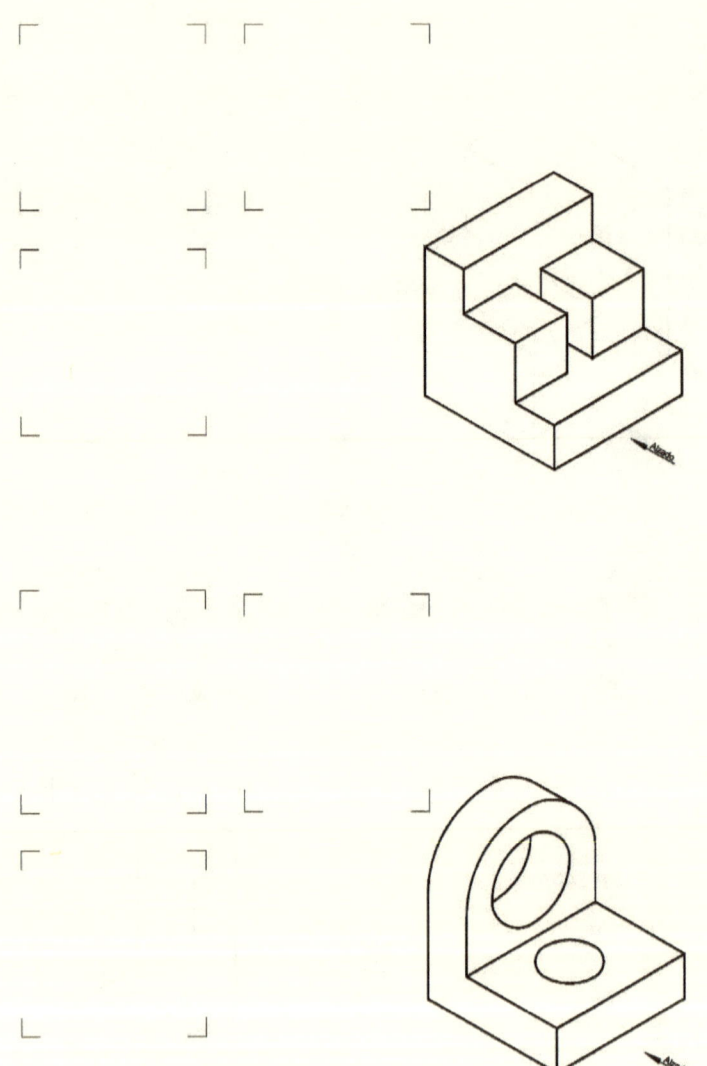

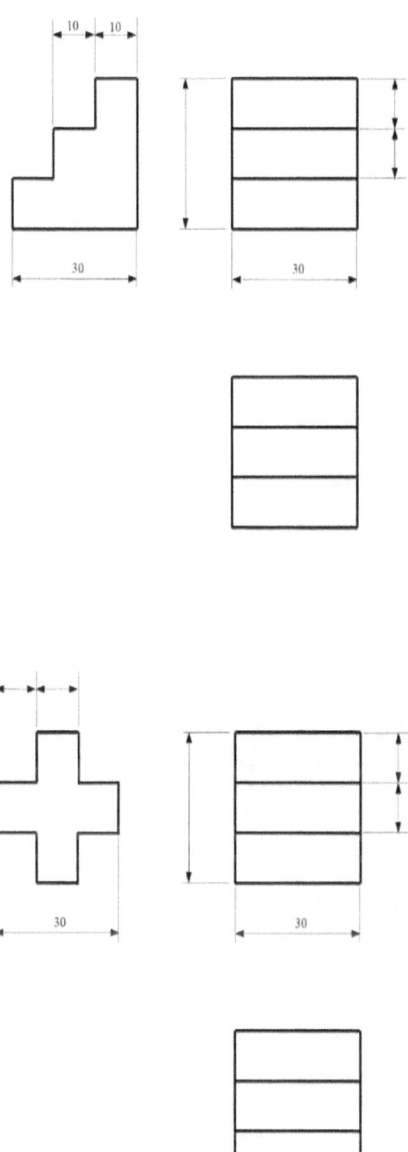

10 | 10

30

30

30

30

Acota las siguientes piezas (están dibujadas a escala 1:1).

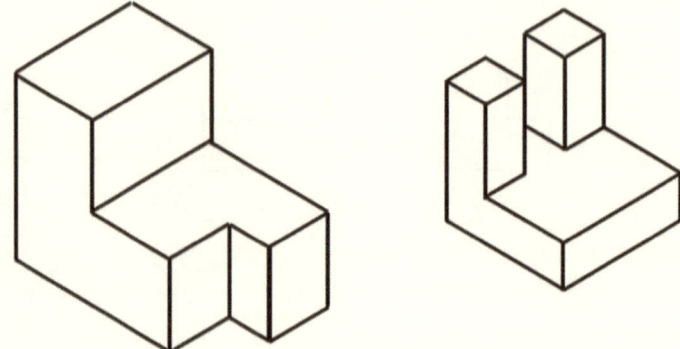

Acota las siguientes piezas, supón que están dibujadas a escala 1:20. (Ten en cuenta que la segunda está dibujada en perspectiva caballera y se ha aplicado un factor de corrección de 2/3 a la profundidad).

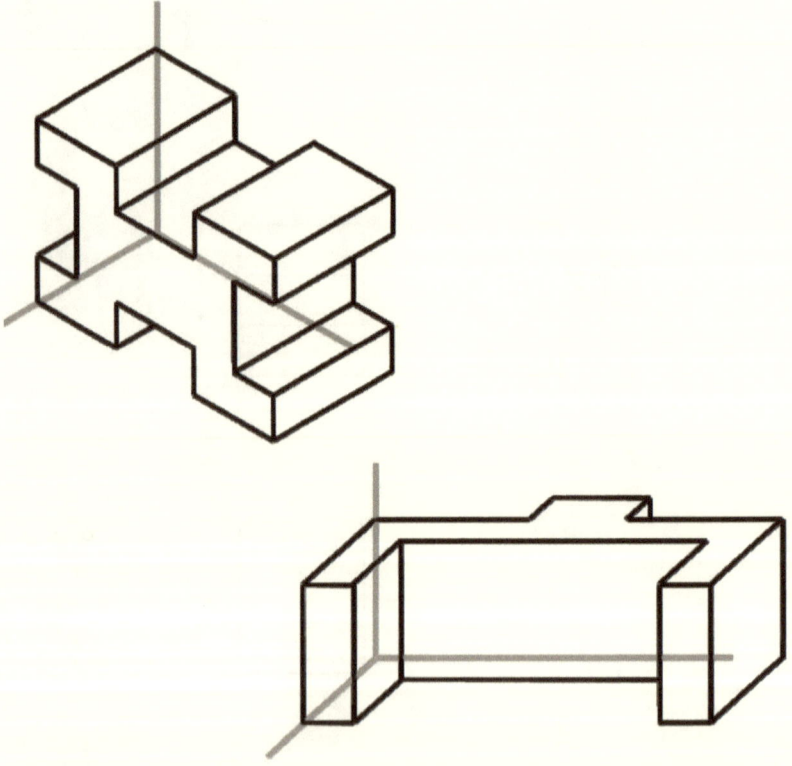

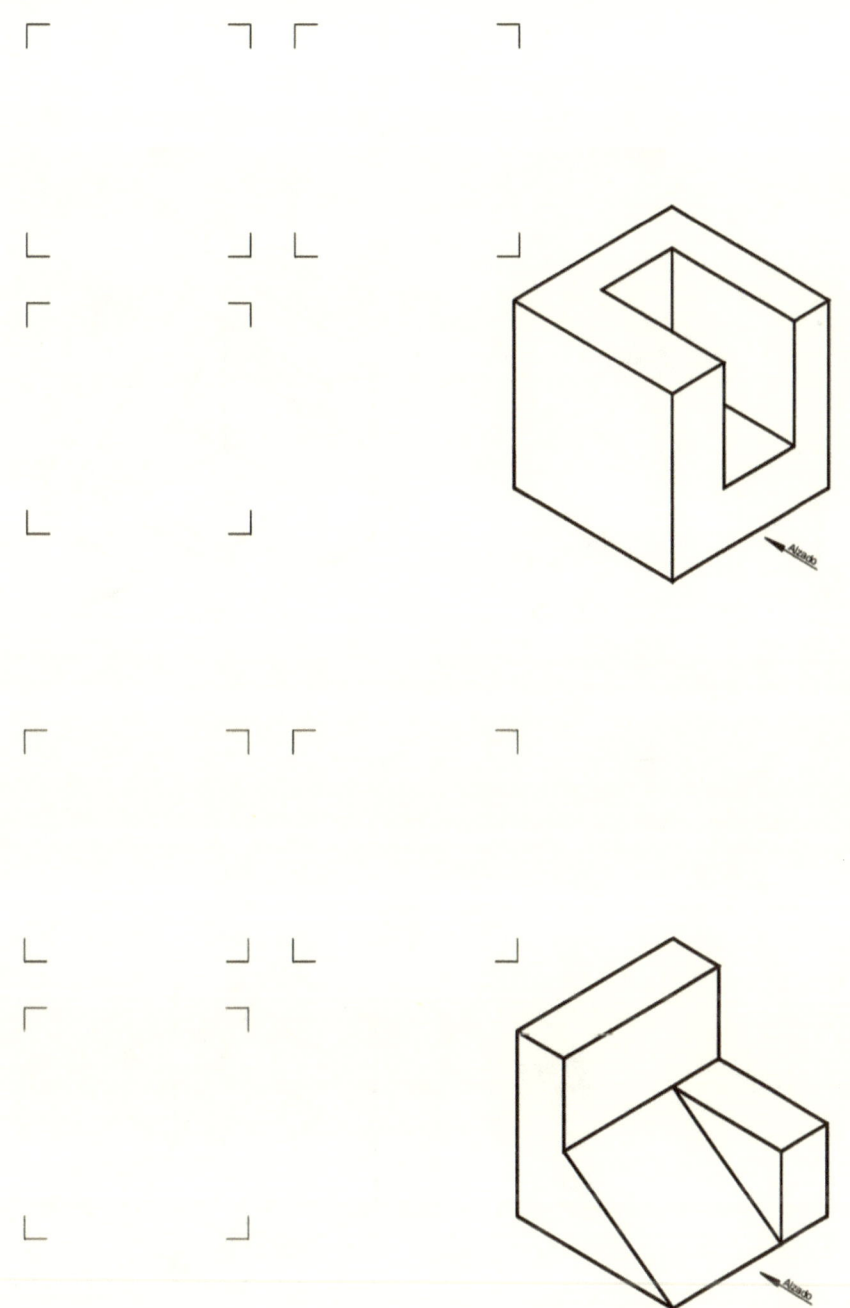

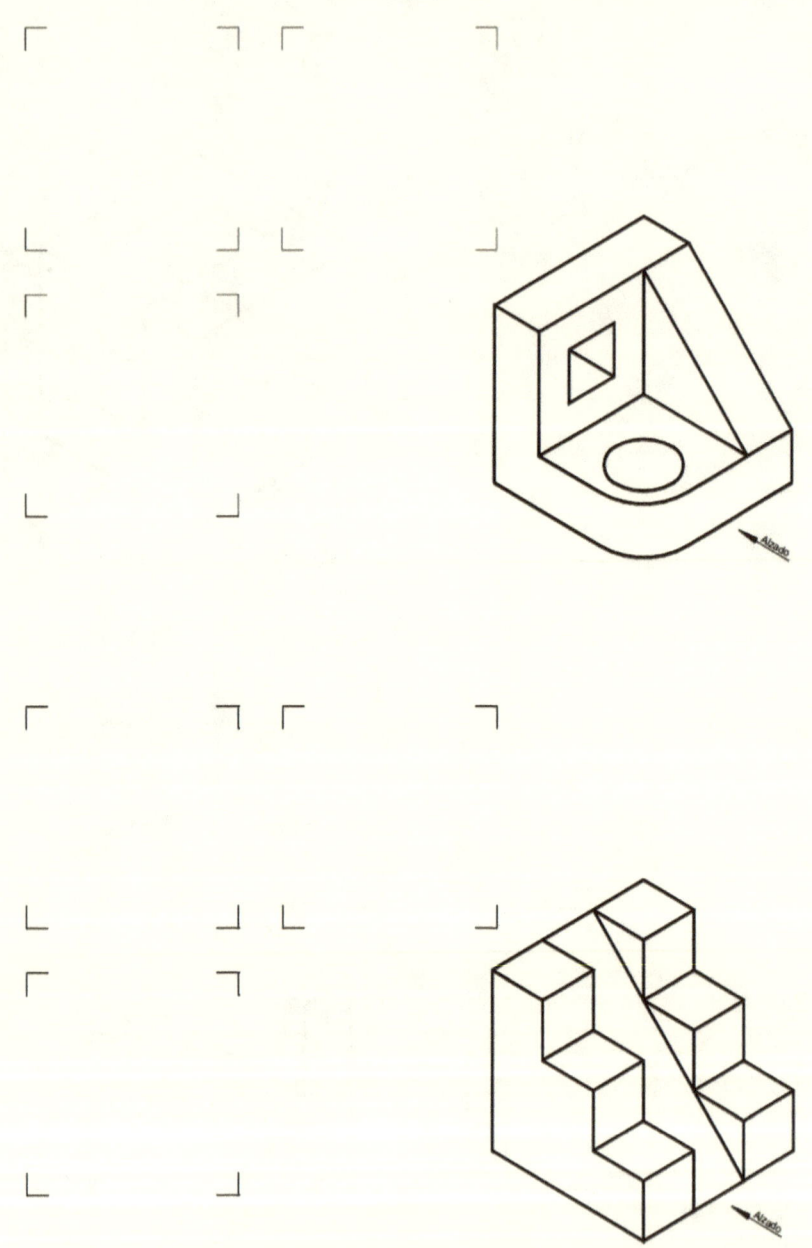

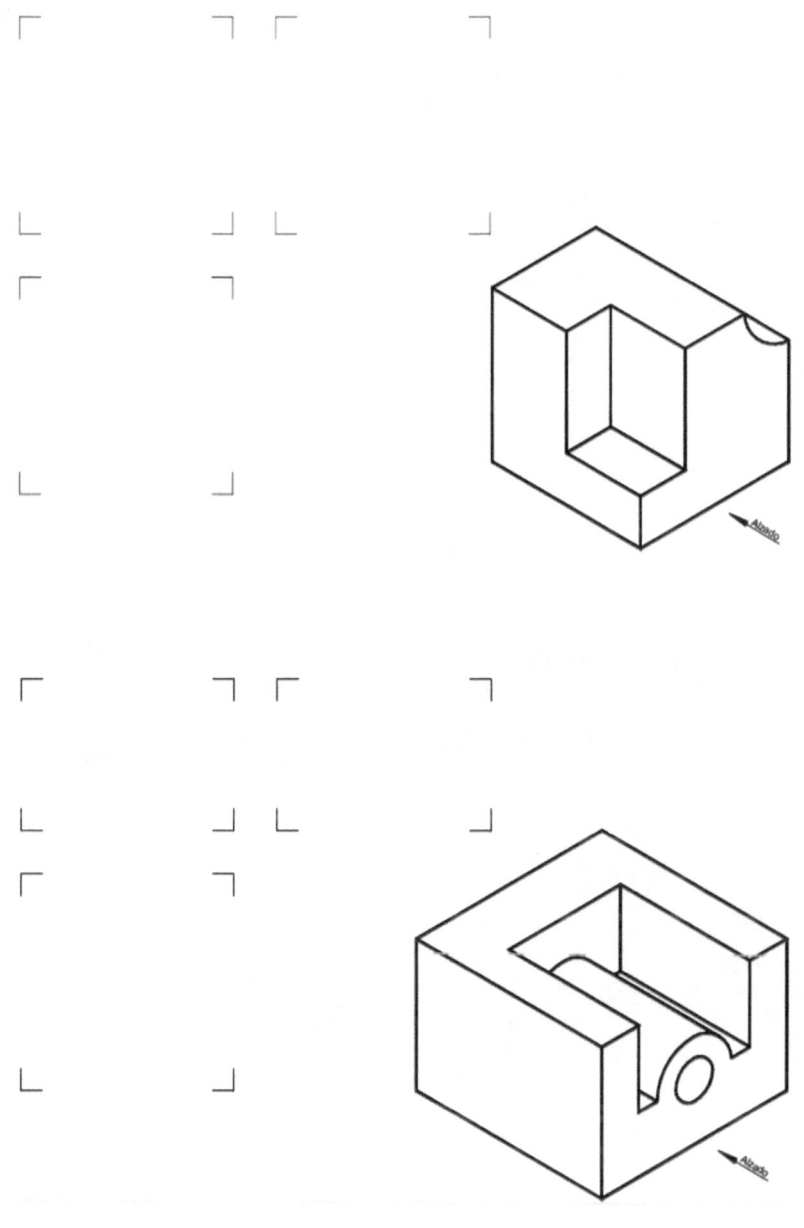

TORNILLOS

Cabezas de tornillos

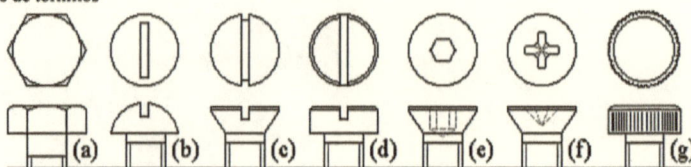

(a) (b) (c) (d) (e) (f) (g)

Tornillo empotrados

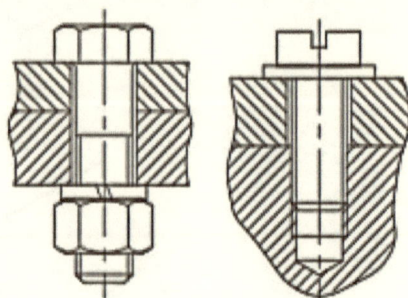

Rosca, paso y estructura del tornillo

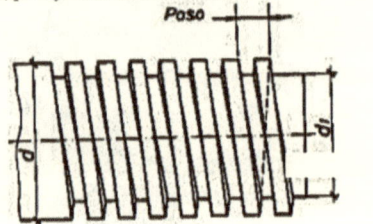

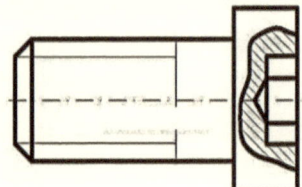

Vistas de tuerca

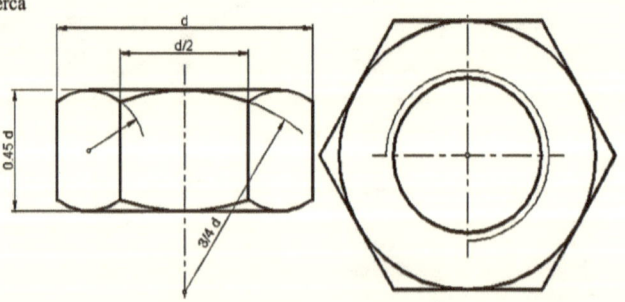

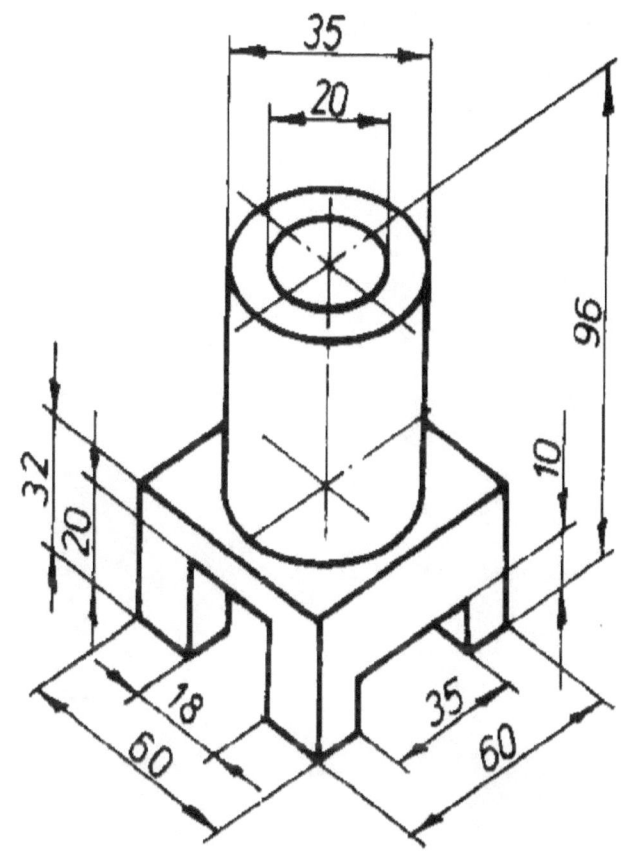

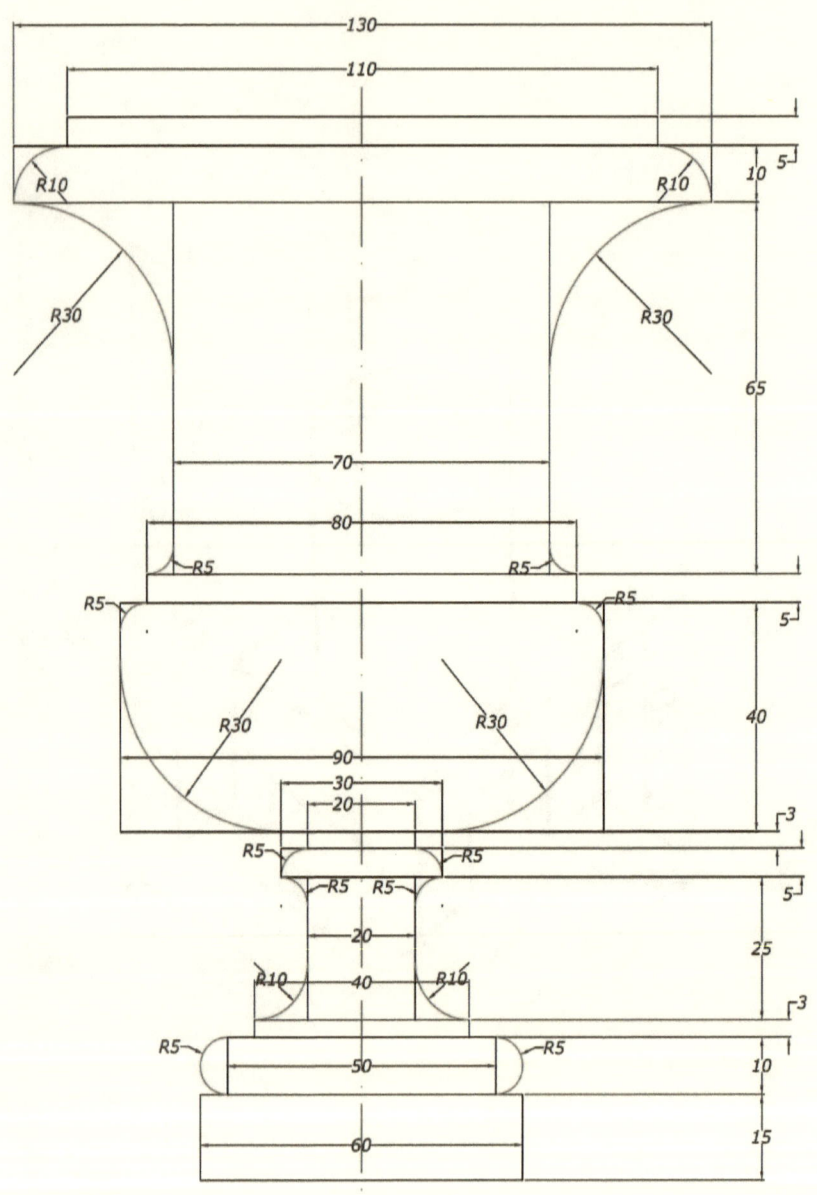

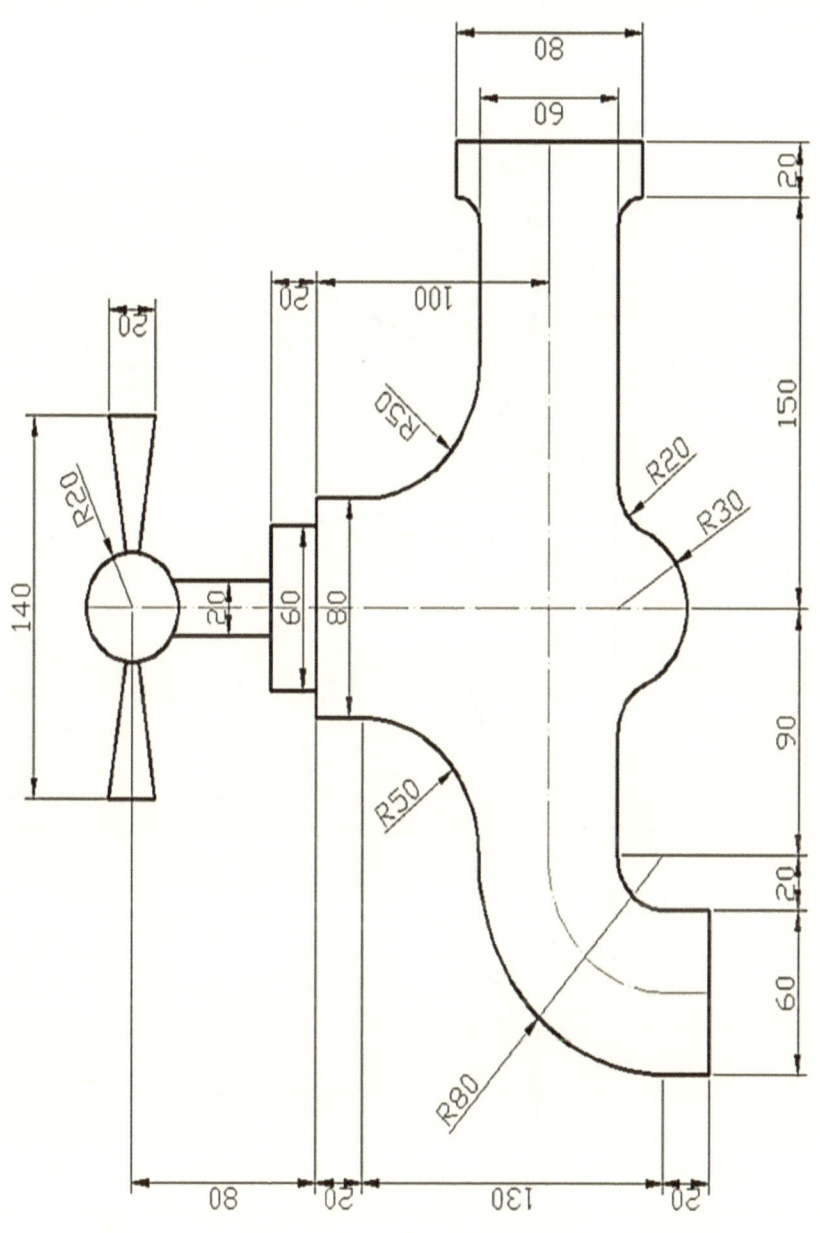

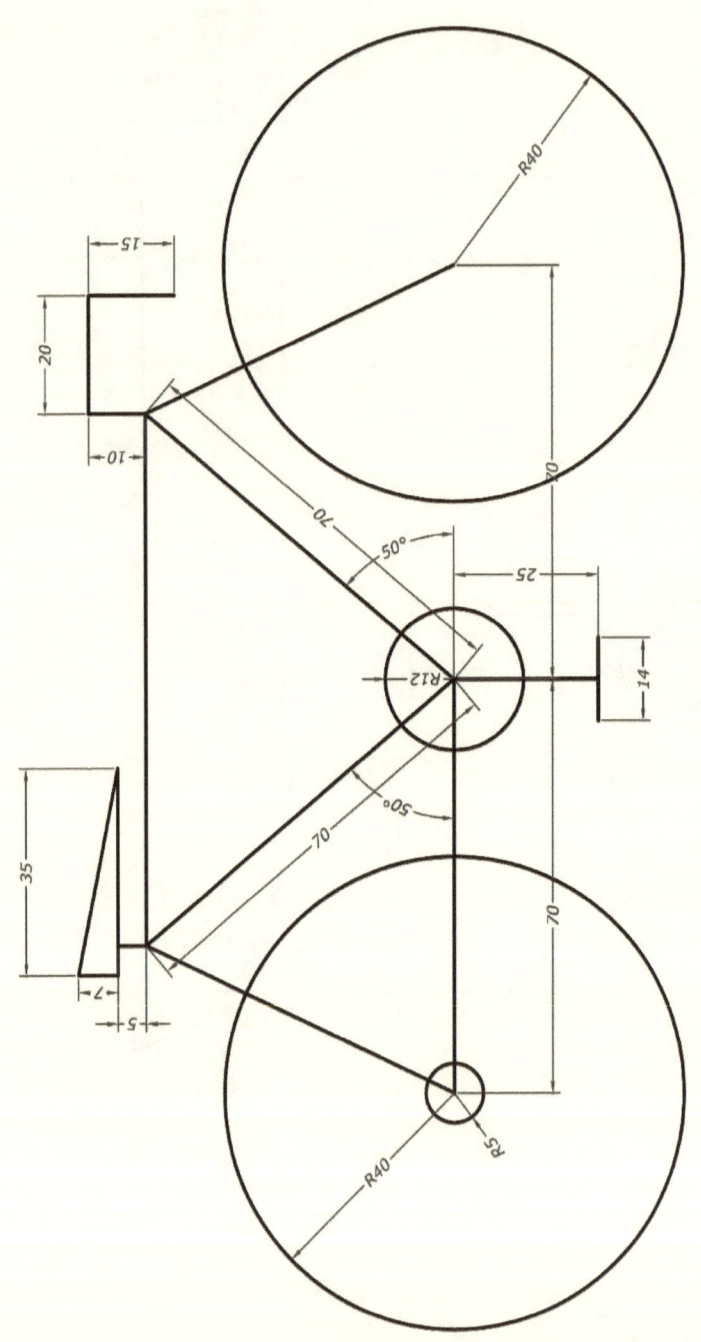

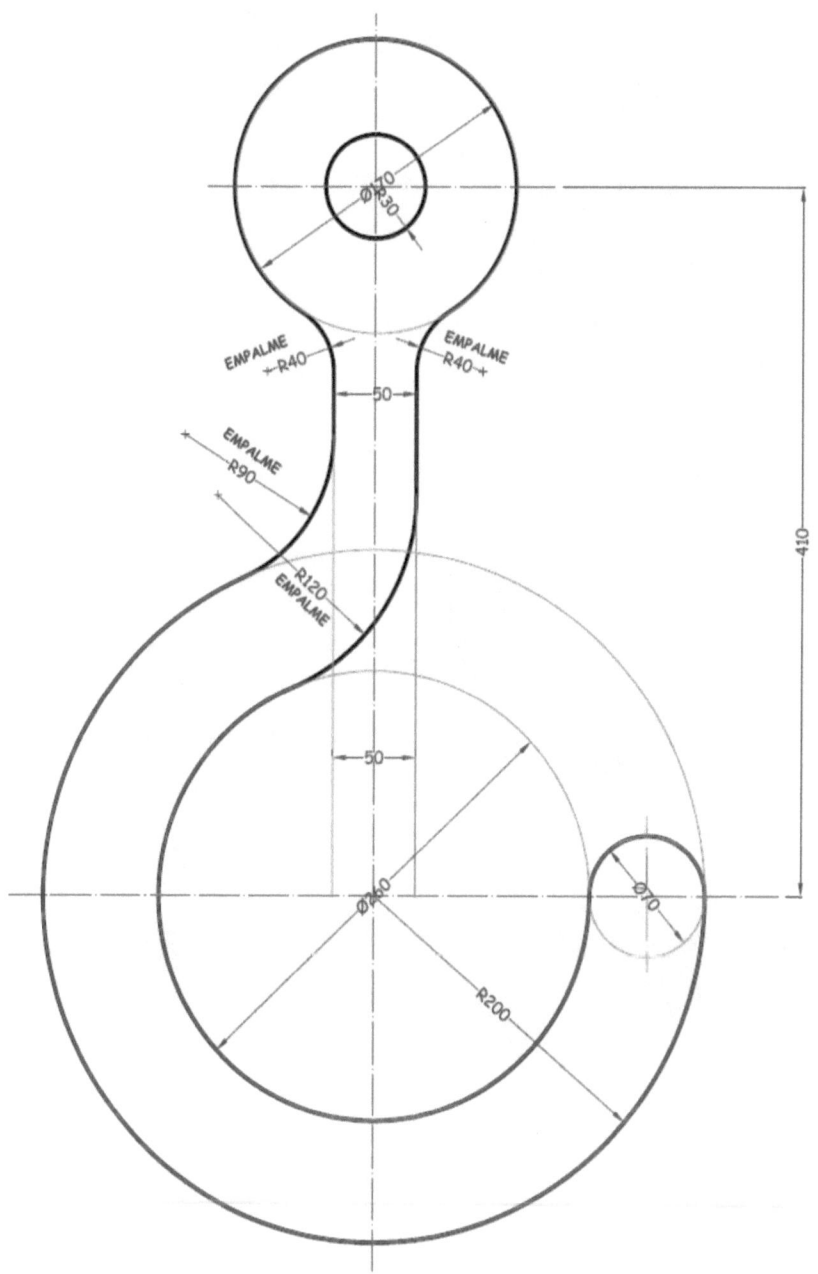

EMPALME R40

EMPALME R40

EMPALME R90

R120 EMPALME

50

50

Ø170

Ø130

Ø260

Ø70

R200

410

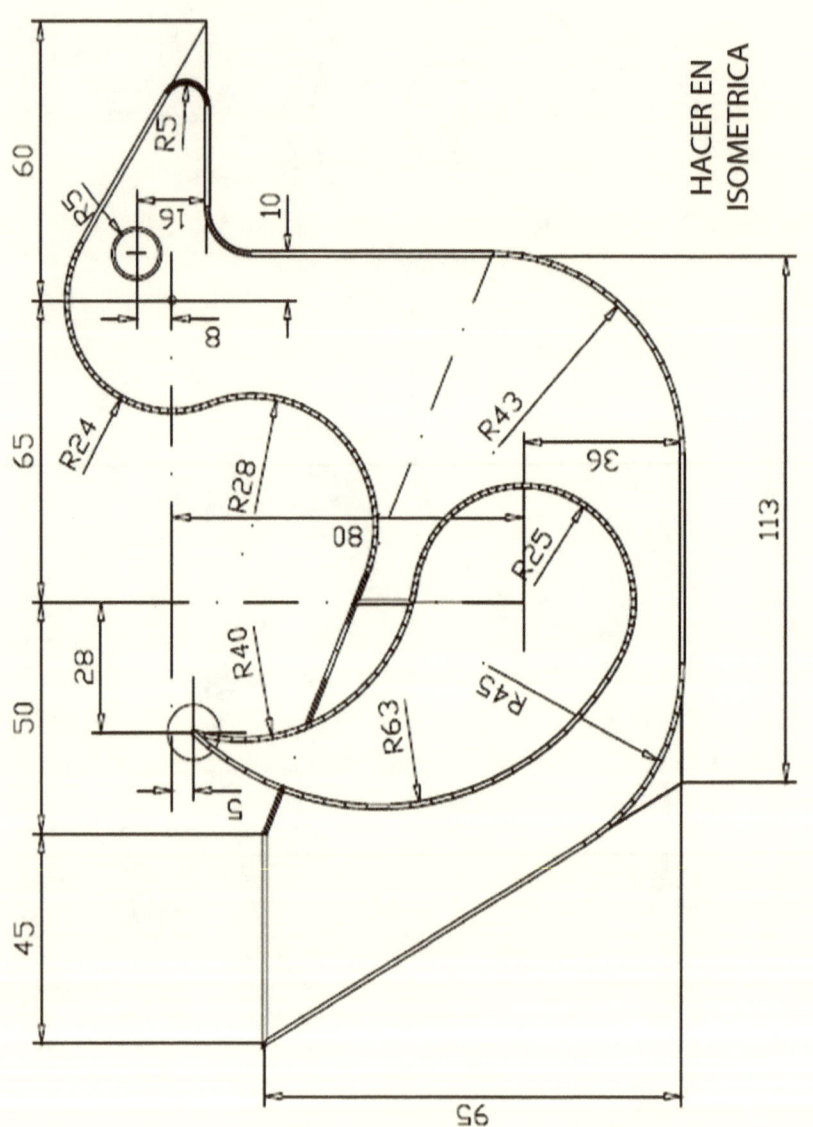

HACER EN
ISOMETRICA

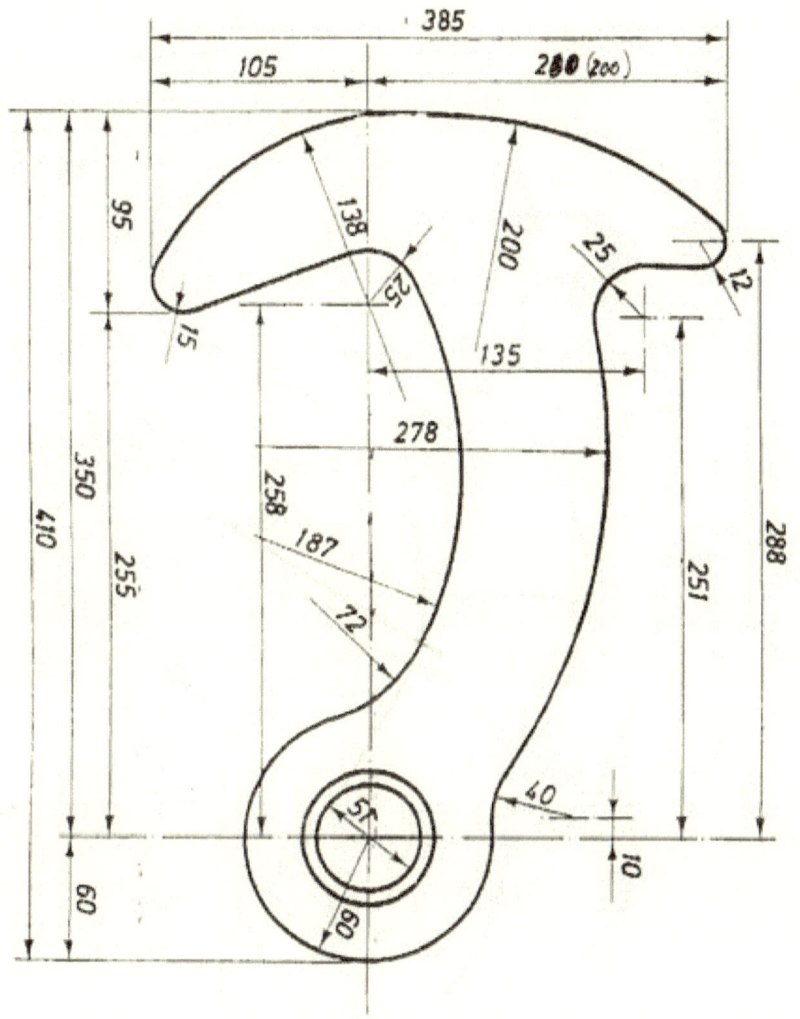

Realizar la perspectiva isométrica (sin reducción) de la pieza dada por sus vistas, a es
teniendo en cuenta que se dibujará con el seccionado representado.

Formato A-3.

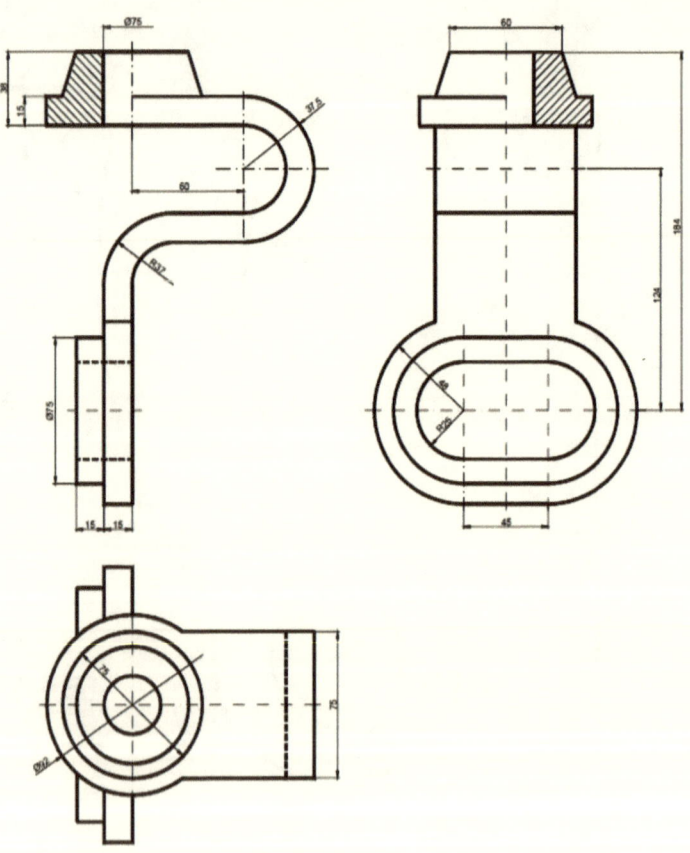

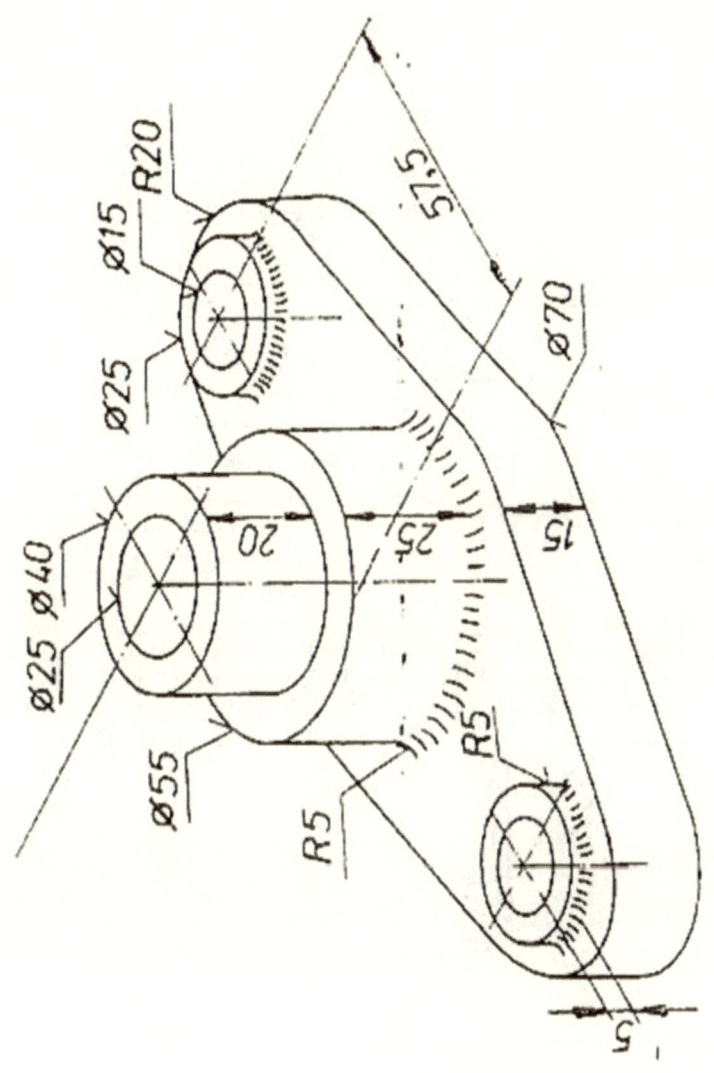

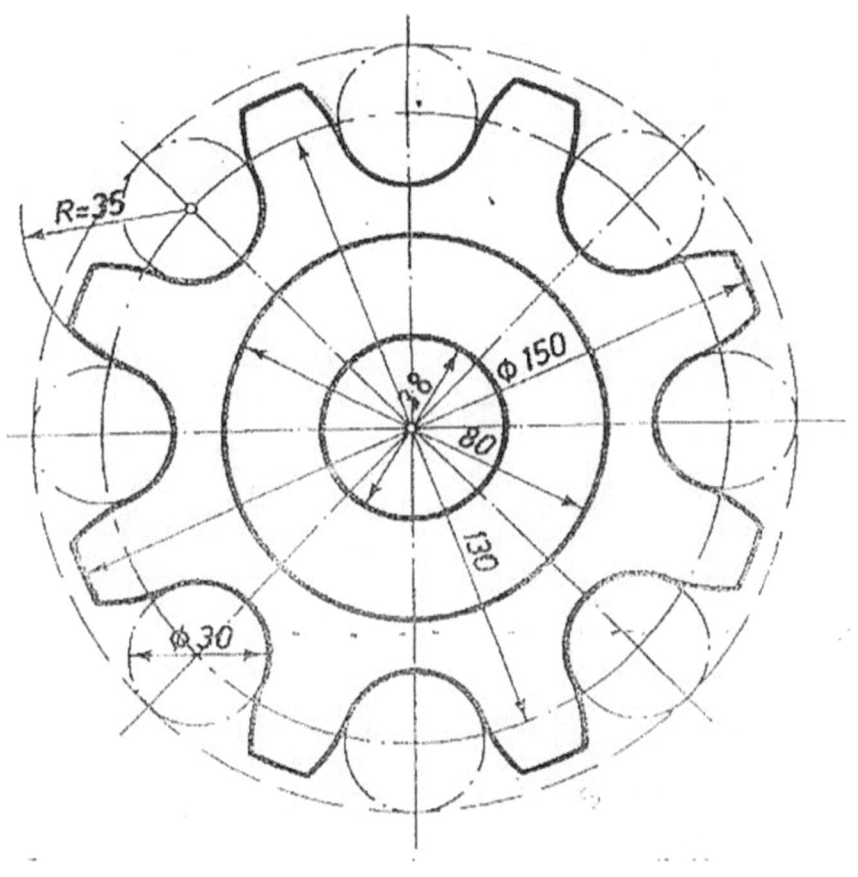

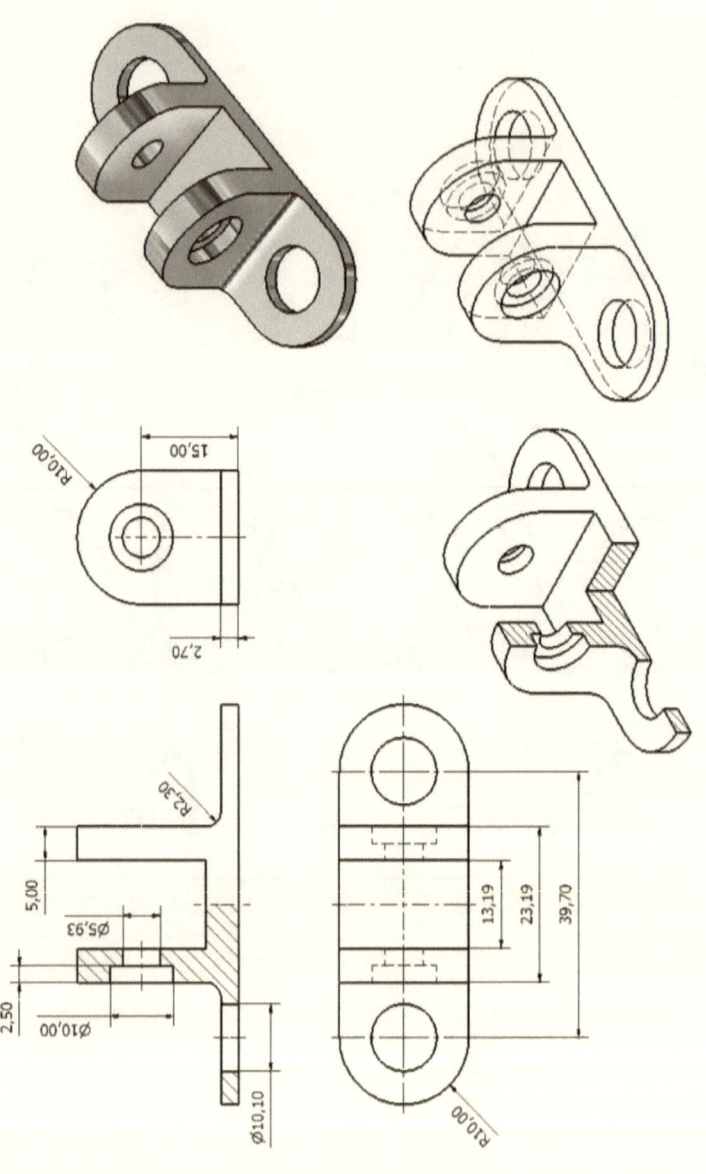

R10,00

15,00

2,70

R23,30

5,00

Ø5,93

2,50

Ø10,00

Ø10,10

13,19

23,19

39,70

R10,00

238

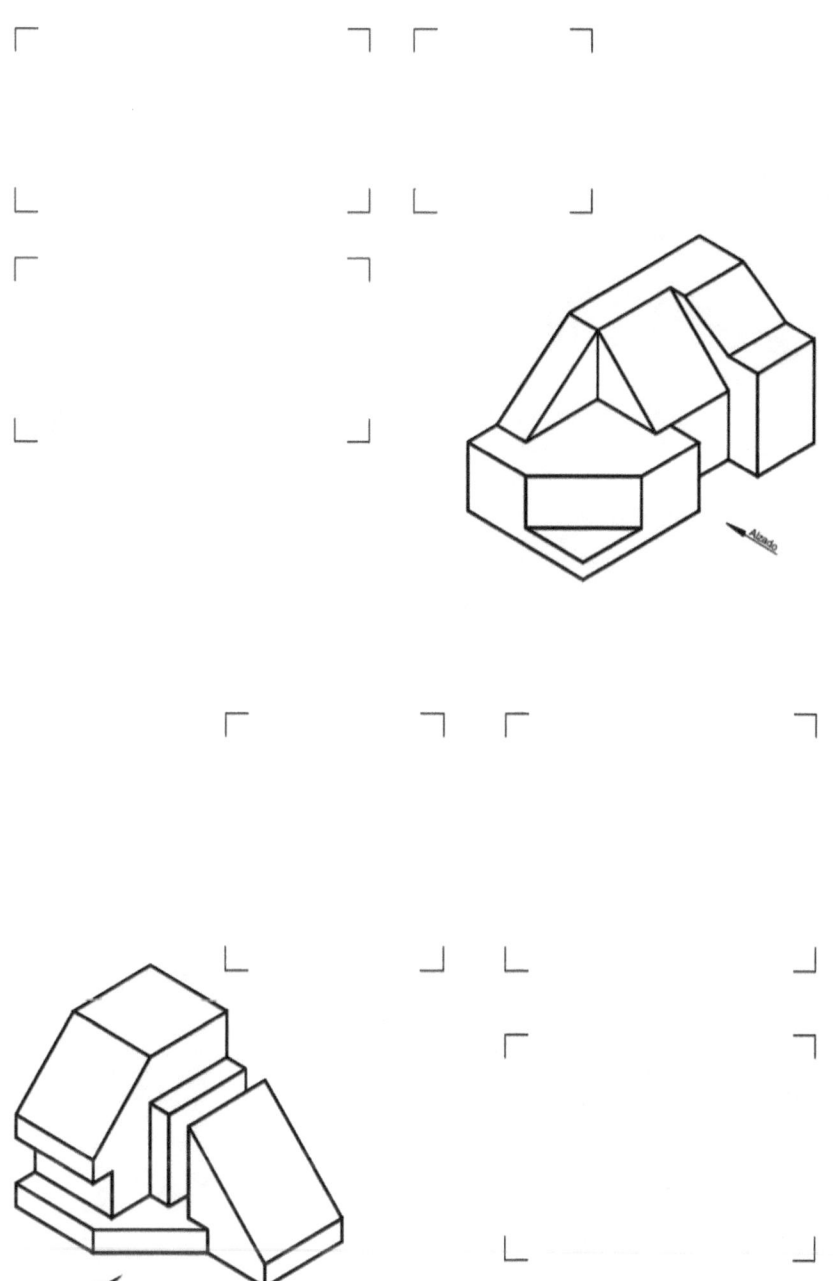

239

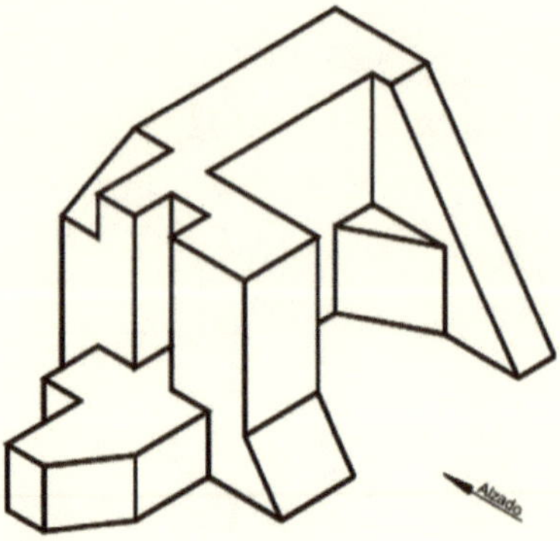

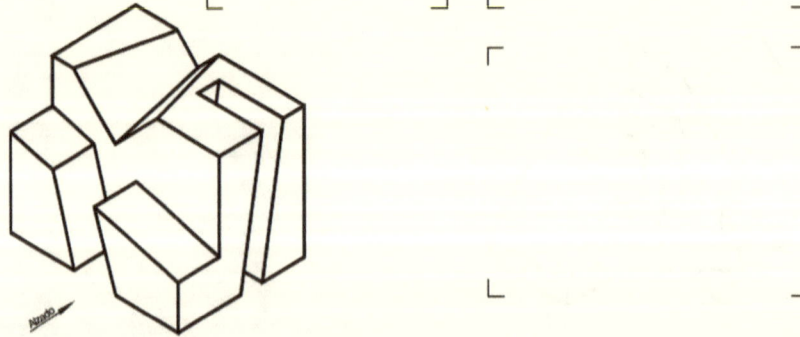

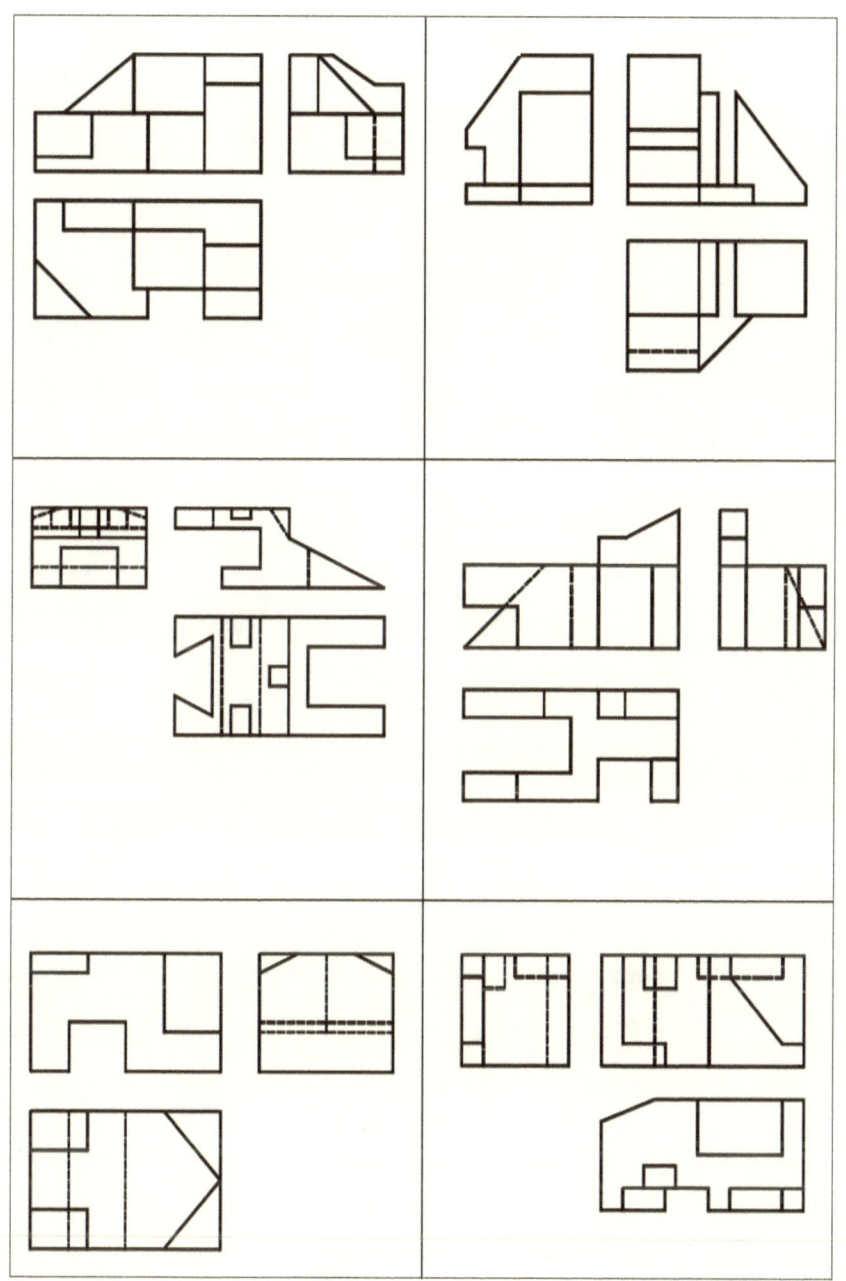

MANUAL DE DIBUJO TÉCNICO
(Y GEOMETRÍA PLANA)

Miguel D'Addario

Comunidad Europea
2015